El Último Asiento

E.A. Fortuna

Agradecimientos…

A mi esposa Adriana…

Gracias por todo tu apoyo en este proyecto, gracias por tu infinita paciencia, por tus críticas constructivas que ayudaron a mejorar y darle nueva vida a esta obra, gracias por darme coraje a seguir adelante y por estar ahí en cada momento que te he necesitado.

A mis hijos Albert, Eleanor, Sophia e Isabella…

Gracias por darme una vida llena de alegrías!

A mi padre y madre…

Gracias! Mil veces gracias por todos sus esfuerzos y sacrificios para hacerme un hombre de bien, por darme una excelente educación y una niñez llena de amor y felicidad, no pudo ser mejor.

A mis hermanos… Manny y Rossy

Gracias por todo su apoyo y cariño.

A mi colegio Instituto San Juan Bautista, mis maestros y al Hermano Antonio….

Hermano Antonio, aunque el viento ya no mueve vuestra sotana al caminar por los pasillos y las aulas del colegio, pues Dios os ha llamado a dar mejor servicio a su diestra, quiero que sepáis que os recuerdo constantemente pues en cada palabra de esta obra habéis puesto una gota de tinta. Os doy gracias por vuestra rectitud, ahora lo entiendo… gracias por vuestra dedicación y las infinitas horas que me habéis dado "castigos" de lectura, gramática y ortografía, sin esos castigos, esta obra nunca hubiese sido posible.

Descansad en paz…vuestra obra vive!!

El Último Asiento

E.A. Fortuna

Autor

El Ultimo Asiento

Diego Vega, un joven ejecutivo, como cualquier otro joven empresario que desea no solo calar en las altas esferas de la sociedad y los negocios pero principalmente buscando calar en la confianza y el reconocimiento de su familia.

Algo es cierto en esta vida, los caminos del Señor son misteriosos y así de misteriosos serán los giros que darán los caminos de este joven, manso de corazón pero abatido por las espinas que harán sangrar su corazón en este camino por la vida.

Diego, ahogado por las presiones sociales va creando un teatro, un teatro el cual cada asiento va siendo ocupado por diferentes demonios, demonios que representan los odios, rencores, calumnias, celos, traumas y frustraciones que van llenando ese teatro dentro de sus entrañas; demonios que, diferente a un público exigente que se retira de la sala cuando la película que se exhibe no es de su agrado, estos piden y exigen que se le permita la entrada a mas demonios, los invitan, pues mientras mas amarga y frustrante es la película en la vida de Diego, con mas algarabía gritan y se regocijan de sus desdichas.

Poco a poco, en este teatro sus butacas van siendo ocupadas por estos demonios que pueden llevar a cualquier hombre a hacer lo impensable, pero existe una condición, el teatro debe estar a plena capacidad, pero en la vida de Diego sucederán muchas cosas que determinarán cuando y quien ocupará…
"El Ultimo Asiento".

Santo Domingo, Republic Dominicana

Diego Vega, joven ejecutivo, licenciado en la carrera de Administración de Empresas, no en realidad por su propia elección, pues su pasión real era todo lo relacionado a la agropecuaria, quizás por la tranquilidad y la paz que se siente al respirar el aire del campo y ver como sin preocupación alguna los animales pasan sus dias, quizás envidiando esa forma de ser, su otra pasión, la milicia, pero la realidad era otra muy diferente pues Diego tenía que luchar día a día para mantener su estatus en una alta sociedad exigente y vigilante de cada movimiento o un cambio repentino en su estatus económico, pues como amiga mal agradecida te echaría de su casa cuando note que ya no perteneces a su círculo, lista a despreciarte y olvidarte rápidamente, pero no menos vigilante era su padre, Don Agustín Vega, próspero comerciante oriundo de la Ciudad de Santiago de los Caballeros, orgulloso y directo, radicado en la Ciudad de Santo Domingo desde temprana edad pero sin dejar atrás los valores aprendidos de su padre del cual heredó el amor por los negocios y como todo buen comerciante, era madrugador, exigente, recto, a veces inflexible especialmente en lo que concernía a Diego, su primogénito, el cual no obstante tener una buena inclinación a los negocios, despierto, de buena presencia y excelente educación, Don Agustín tenía sus dudas y muy reservado en delegar responsabilidades a Diego pues solo contaba con 28 años y al parecer de Don Agustín, a Diego le faltaba mucho camino por recorrer, pues la experiencia en los negocios lo era todo.

Doña Dolores de Vega, madre de Diego, ama de casa, de poco humor, pero con una mente filosa como navaja de afeitar a las cual no se le escapaban detalles algunos, a los que muchos atribuían como el director detrás de cámaras en las vidas de toda la familia. Doña Dolores, mujer exigente con la limpieza, inflexible, y extremadamente desconfiada que solo su abultada cuenta bancaria hacía levemente lograr una sonrisa retorcida en señal de satisfacción.

Rodrigo Vega, hermano de Diego, como en cada familia, en esta no faltaba el hermano desordenado, bebedor, amante de las fiestas y las parrandas al cual importaba poco la opinión que sus padres tuviesen de él, claro al menos que tuviese que ver con su dote semanal. Como menor de los dos era el consentido y no escatimaba esfuerzos en abusar de sus privilegios y obtener todo lo que estaba a su antojo. Siendo niños, la relación de Diego con Rodrigo nunca fue buena pues era obvio que Rodrigo era el mimado de la casa y Diego tenía la responsabilidad de cuidarlo y sacarlo de cada problema en que Rodrigo se metía, so pena de él si algo pasaba a Rodrigo.

Ya adultos, su relación mejoró bastante, Rodrigo comprendía las presiones a la cual su hermano era sometido día a día y a veces solo sentía lástima por él invitándolo varias veces a escaparse con el a esos constantes viajes al exterior, lejos de sus padres donde pueda, bajo el pretexto de estar fuera del país y fuera del control directo de sus padres, gastar y derrochar dinero en fiestas y placeres.

Diego nunca acepto esas tan tentadoras invitaciones pues sabía que sus fondos serían cortados inmediatamente para forzarlo a regresar inmediatamente pues a la vista de Don Agustín y Doña Dolores, su función era aprender rápidamente, madurar y estar preparado para algún día poder tomar las riendas de el Consorcio Turístico de la Familia, un grupo de empresas que abarcaban todos los aspectos del área turística, desde bancos, hoteles, marinas y servicios aéreos.

La falta de cariño, amor y ternura, más las responsabilidades impuestas a Diego desde temprana edad, fueron creando demonios internos al cual se le sumarían toda una familia de estos como en un teatro al cual a tempranas horas empiezan a llegar personas a tomar los mejoras asientos.

Era Jueves, día nublado con ligera llovizna, no lo suficiente para detener los planes del joven Diego el cual a prisa entra al banco. Ahí, no solo tenia dinero, también tenia un gran amor. '¿Hola Elizabeth, como estas? Que bueno que me atiendes fuera de la fila, voy a New York hoy y estoy retrasado para el aeropuerto'. 'Elizabeth...bella mujer con un andar que cada cabeza viraba a su pasar, amante de Diego y Jefe de caja del banco, la combinación no podía ser mas perfecta. 'No debería de ayudarte después de lo que me hiciste' le dice Elizabeth muy molesta. 'Deja eso ya, olvídalo', le dice Diego en su intento de evitar una escena o un disgusto con esa diosa de mujer 'Te parece poco después de estar juntos por 2 años y te casas con esa idiota ricachona' mientras le cambia un cheque por US$50,000 dólares.

'Mi vida, sabes que me obligaron, ya te lo dije mil veces, el padre de ella me lo cortaba si no me casaba con ella, acuérdate que ella es la hija del socio de mi padre y según los viejos, todo hay que mantenerlo dentro de nuestro propio círculo, puras estupideces, pero así son las cosas, además tu sabes que es a ti en realidad a la que quiero' (dándole una picadita de ojo, Diego sabía que esto la calmaría y la haría sonreír). Elizabeth no tenia ninguna otra opción que aceptar su realidad '¿Crees que con eso me vas a contentar?" Le sonríe pero haciendo signos de no estar contenta "¿Y ahora qué? ¿Te la llevas a pasear a New York?'.

Diego, viendo de un lado para otro en busca de clientes que les gusta poner el oido en la vida ajena, le toma el brazo disimuladamente y van a una esquina para seguir la conversación. 'No, solo voy a unos negocios con mi querido padre' le responde ya un poco incómodo.

Ella, no queriendo provocar que su hombre tenga una excusa para dejarla, baja de tono '¿Cuando te veo? Necesitamos hablar de lo nuestro, no es verdad que le voy a dejar a mi hombre a esa idiota con la cual te casaste' (haciéndole entrega del dinero y a la vez mirándolo con deseo) 'Vuelvo en 2 semanas, bye'. Mientras guarda el dinero en su fino maletín de piel de cocodrilo.'Bye cuídate, me llamas desde que regreses' con sentimiento de tristeza lo despide.

Antes de salir por la puerta, voltea Diego para verla de nuevo, ver su hermoso caminar, esas caderas que su va y ven paralizaban las actividades del banco. Al salir, levanta la mano en forma de señalar a su chofer que estaba listo para partir.

Su chofer tenia intención de llevar a Diego a alta velocidad al aeropuerto donde el jet privado de la familia lo esperaba... misión imposible! el trafico estaba caótico, accidentes, viejos manejando como que el día no tenia término, semáforos, gente cruzando, vendedores ambulantes, construcciones, en fin, un infierno. Don Agustín, dentro del avión esperaba impacientemente por Diego no pudiendo comprender ¿como su hijo no estaba a tiempo, cómo podría poner su consorcio de empresas en manos de este muchacho cuando ni siquiera podía estar a tiempo en el aeropuerto cuando se había planificado este viaje de negocios por mas de una semana?
Don Agustín, con su cara roja del coraje, su presión arterial burbujeaba como agua hirviendo. Se levanta de su silla …. 'Enrique (el piloto) vámonos, no esperemos más'.

El piloto, sentado en su silla chequea todos los controles, se vira al oír la voz del Jefe. 'Seguro señor? El llamó por su celular y ya viene de camino'
'Ese muchacho idiota irresponsable, dale un minuto y si no está aquí nos vamos sin él'. 'Si señor' responde Enrique mientras cruzaba mirada con el copiloto.
Pasa el minuto y Diego no ha llegado…
'Enrique, enciende los motores, nos vamos" mientras golpea el brazo de su asiento. Enrique, traga en seco, toma valor en su intento de tratando de salvar a Diego de una humillación que se visualizaba. 'Démosle un poco mas de tiempo señor' '¿No dijo el un minuto? Bueno, pasó el minuto, dije que nos vamos, muévete!' Con voz que retumbaba el interior de la nave. Enrique enciende los motores y empieza a trasladarse por la pista cuando ve el lujoso auto de Diego acercándose y haciendo ademanes para que detengan el avión.

Detiene Enrique el avión. 'Que pasa Enrique?' Se quita el cinturón y va a la cabina 'Es el Sr. Diego, Don Agustín' señalando por la ventanilla. 'Abre la puerta Enrique' Muy enfurecido, la espuma casi le salía por la boca. Abre la puerta del avión, ve a Diego que apresurado viene subiendo las escalinatas para entrar al avión, Don Agustín empujando a Enrique hacia un lado lo detiene en seco; '¿Y a donde tú crees que vas?' '¿Como que a donde? Contigo a New York! ¿Qué pasa?' Diego lo mira con asombro.

Don Agustin, viendo hacia dentro del avión donde se encuentran dos altos ejecutivos del consorcio sentados sin decir palabra pues Don Agustín era muy temido por su mal humor e impredecibles reacciones explosivas, les dice '¿Ustedes ven esto? Miren bien, esta es la cara de la irresponsabilidad y la falta de planificación'.

Los dos ejecutivos solo miran fijamente a Diego y luego se miran uno al otro sin decir palabra ya previniendo un mal augurio para Diego.
Con voz alta y firme grita, 'Sal de mi avión, inepto!! Estoy cansado de tus irresponsabilidades!!'

'Papá, (en posición sumisa viendo a sus pies) es que el transito estaba muy congestionado, además tuve que terminar unas cosas de último minuto para estar preparado para esta reunión'.
'Dame los documentos' (se los arrebata de las manos) 'nosotros se los presentaremos a nuestros socios en New York ….Tú, sal de mi vista'.

Diego es prácticamente empujado fuera del avión por su padre, humillado, frente a los ejecutivos y Don Pedro Vincini, un descendiente de italianos socio de Don Agustín y Vicepresidente del Consorcio quien dentro de sí reía a carcajadas pues siempre consideró a Diego como un candidato al puesto que el siempre había soñado, la presidencia del Consorcio Turístico. Diego no tuvo otra alternativa que ver junto a su chofer parado junto a su lujoso auto como elevaba vuelo el jet privado hacia New York donde se tenía destinado cerrar un negocio en Wall Street que elevaría los ingresos del Consorcio Turístico a mas de 800 millones de dólares anuales.

Este proyecto que había sido ideado, elaborado y desarrollado por Diego mantenido una comunicación constante con los ejecutivos en New York para poder lograr este acuerdo, definitivamente, para un joven ejecutivo, era el proyecto soñado que lo lanzaría hacia lo alto de la empresa y le daría el respeto hace tiempo deseado, pero solo recibió humillaciones y desprecio de su padre, Una vez más!!

Sin duda alguna, este acontecimiento dio entrada gratis a demonios al teatro de la vida y mente de Diego. Con gran fanfarria estos demonios celebraban la gran frustración y odio que sentía Diego en aquel momento por su padre.

Cuanto no hubiese deseado que aquel jet hubiese tenido una falla y cerrar ese telón en su vida que tanto lo atormentaba.
'Me las pagarás, me las pagarás, tarde o temprano padre, te lo juro', decía

Diego entre dientes con los ojos empapados en lagrimas no derramadas.
'Vamos José, larguémonos de aquí'.

Algo que Diego ignoraba es que José, el "leal" chofer y guardaespaldas, que desde que tenía uso de razón había servido a la familia era uno de los matones bien pagados por Don Agustín para hacer lo que fuese necesario para mantener el poder y liderazgo en todos sus negocios.

José, hombre corpulento aunque entrado en edad, había servido en las filas del servicio secreto de varios gobiernos, entrenado para matar de mil y una formas, con armas o sus propias manos, si fuese necesario pero como todo buen "profesional" sus cualidades eras ignoradas por todos menos por Don Agustín.

'¿A donde señor?' Mirando José a Diego por el vidrio retrovisor.

'Vamos al Steak House' (Lugar muy frecuentado por la alta sociedad), 'me dejas ahí y te llamo, creo que estaré un buen rato ahí.'

'Lo siento señor, (haciendo gestos con su cara de impotencia) tengo ordenes de Don Agustín de nunca dejarlo solo'.

'Coño, cuanto control, bueno, me esperas en el parqueo, no quiero ver a nadie.'
Ya en la entrada del restaurante.

'Lo que usted diga señor, no dejaré que nadie lo moleste'. Mientras le abre la puerta del automóvil.

Ya sentado en el bar…

'Johnny Walter Etiqueta Negra' (pide la botella completa al bartender)
en realidad no es que Diego sea amante de las bebidas fuertes, solo era una forma de venganza en contra de su padre, gastando dinero en exceso para darle a su padre donde mas le doliera, ya que Don Agustín pagaba las cuentas de tarjetas de crédito tanto de Diego, Rodrigo y Doña Dolores personalmente, simplemente era otra forma mas de control para ver en qué su familia gastaba el dinero, poniendo especial atención en la cuenta de Diego, pues quería saber cuan sabías eran las decisiones que tomaba Diego en controlar sus gastos como buscando una forma de entrar en la cabeza de su hijo y tener un "feeling" de cómo el controlaría los gastos de la empresa cuando llegase el momento de tomar control de ellas.

Don Agustín lo tenía todo controlado, nadie, ni su familia o sus empleados podían hacer nada sin que el ojo siempre observador de Don Agustín estuviese mirando.

Suena el teléfono celular de Diego… era Rodrigo.

'Hermano, ¿dónde estas?' (Rodrigo era arquitecto y se encargaba de la decoración y diseño de los hoteles)

'Bebiendo un trago para no matarme, estoy súper enojado, no sabes lo que me hizo papá' mientras tomaba un vaso de whisky puro. La gente lo notaba pues era conocido en todos los medios.

'Si lo sé, por eso te estoy llamando, papá llamó a la oficina hace un rato preguntando por ti y la secretaria no sabía que decirle pues el hombre estaba que echaba chispas. Ve para la oficina, el quiere saber porqué no estas en la oficina trabajando' decía Rodrigo en voz temblorosa y preocupada.

'A papá que no me joda' mientras tomaba otro trago que quemaba a su paso por el cerebro millones de células cerebrales pero no las suficientes para detener las fantasías de eliminar de su vida ese hombre que causaba tanto dolor interno, mil veces mas que el alcohol que ardía sus entrañas.

Rodrigo le insiste 'Mira, ven para acá, que si el viejo se entera que hablé contigo y no te hice venir a la oficina entonces me caliento con el viejo, además, el siempre revisa nuestra factura del celular (el cual era pagado por Don Agustín) y el se dará cuenta que llamé a tu celular'.

'Coño Dios mío, ¿hasta cuando?' mientras miraba hacia arriba como buscando una acción divina que le diera paz en sus vida.

Diego, saca la billetera, se detiene como no estando seguro si debería de irse y desafiar la furia de su padre, pero la realidad es que no hay otro remedio, paga y va hacia la oficina.

Ya pasada las 8:00 p.m. sale Diego de la oficina rumbo a su residencia, con todo lo acontecido en ese odioso día, ha olvidado completamente llamar a su esposa Lorena para contarle de todo lo acontecido y que no había ido a New York con su padre. Al entrar por la puerta, Lorena se pega tremendo susto al sentir alguien entrar a la casa sin antes ser anunciado por el custodia, pues no imaginaba que sería Diego.

'¿Diego? ¿Y que haces aquí?' (pregunta Lorena enojada y a la vez sorprendida, pues ella estaba a punto de salir con sus amigas toda la noche aprovechando que su 'querido' esposo no estaría en casa)

'Luego te cuento, tuve un día de perros' entrando por la habitación sin parar directo al baño.

(Hija de Don Pedro Vincini, tan intolerable y exigente como su padre) 'Ah si !!! (sarcásticamente) Lo mismo que me dices todos los días, dime ¿Cuales son tus días buenos? ¿Dime? (Le grita con agresividad) Algunas veces creo que Don Agustín tiene razón, eres insoportable'.

'Lorena, hoy no!, hoy no! por favor!' (Le grita en voz alta y firme mientras entra al baño y Lorena lo sigue)

'Siiii claro! (exclamando y haciendo gestos con sus manos) Al niño no quiere que se le moleste,... pero déjame decirte algo Diego.....Estoy harta ya!! Siempre sales con algo diferente, no me sacas a ningún lado y siempre con la excusa de que estas trabajando, pero mira (enseñándole su dedo pulgar) ese dejé de chuparlo hace mucho tiempo y sabes a lo que me refiero'.

'¿Qué tú me quieres decir con eso?' mientras con disgusto se va quitando la corbata.

Lorena como perra rabiosa lo sigue y se detiene en la puerta de entrada al baño, mano en la cintura y con la otro lo señala 'No te me hagas el pendejo o tu crees que no sé lo de la quita macho esa que trabaja en el banco. Mira Diego, te lo advierto, si yo me entero que tú te sigues viendo con la tipa esa, mira....ni te voy a decir nada, pero te va a ir muy mal. Solo acuérdate que mi papá y el tuyo son socios y si yo le cuento a mi papá de tus andadas y el se queja con tu papá ya tu sabes lo que te espera, así que mira bien lo que haces y pisa fino conmigo.'

'Tu, tu padre y el mío se pueden ir al diablo, que no me joda nadie.' (Encerrándose en el baño de su habitación, la cual poseía todos los lujos que un hombre pudiera desear, pero nada de eso era suficiente para dar a Diego la felicidad que hace tiempo buscaba).

Diego, se detiene frente al espejo de su baño y mirándose fijamente como queriendo buscar a alguien a quien culpar y a la vez expresar como se sentía, se decía a sí mismo...

Se dice a si mismo, 'Eres un fracaso, no puedes hacer nada bien, eres un imbécil'. *Cierra los ojos y pide a Dios..... (pensativo)*"Dios mío, ayúdame a superar estas situaciones, quita de mi cabeza estos malos pensamientos, elimina estos pensamientos que solo piden venganza".

Al abrir los ojos....De repente ve una silueta de un viejo solo por una fracción de segundo y se asusta de muerte y al voltear no ve a nadie, se vuelve, cierra los ojos y respira profundo y de repente siento un viento como si lo traspasara de lado a lado (el baño no tiene ventanas).

Diego sintió una presencia, como un presentimiento que era observado por alguien, sintió que se le erizaba cada hebra de cabello.

'Diego, que te pasó, parece que viste un fantasma, estas súper pálido?' Le pregunta Lorena al verlo salir del baño.

'No se que pasó, sentí como una presencia, no sé, fue algo raro...' dice Diego perplejo.

'Ahhh! (En forma despectiva) Déjate de estupideces'. Le dice Lorena mientras toma su cartera y sale de la habitación.

Diego no respondió, pero quedó pensativo de lo que había visto y sentido.

II

5. años después………………….

Diego, aun casado, infelizmente con su esposa Lorena, la cual a pesar de las altas y bajas en su matrimonio con Diego trataba de mantenerlo a toda costa pues era más importante mantener su estatus social, ahora mas que nunca pues Diego ha alcanzado grandes logros en el mundo de los negocios y ella está cada día mas consciente que su envejecido padre no contaba con muchos años mas de vida y ella era la única heredera de una vasta fortuna y no menos consciente, que Don Agustín también envejeciendo rápidamente, no tanto por su avanzada edad, sino por sus constantes rabietas, mal humor y preocupaciones por alcanzar mas riquezas, eso sin contar con una dolencia cardiaca y Lorena, como mujer calculadora sabía que Diego era el heredero natural ya que Rodrigo se había desligado totalmente de los negocios familiares y solo dedicaba sus días a viajar, estudiar diferentes culturas y vivir de los intereses de la cuantiosa fortuna que sus padres le tenían en cuentas especiales muy conscientes que de el tener acceso a dichos dineros, serían derrochados en muy poco tiempo.

Todo esto daba a Lorena el escenario ideal para continuar con su plan de poder manejar no solo la fortuna de su familia pero también la de la familia Vega. Lorena padecía de una enfermedad, en sus entrañas tenía un parásito, un parásito que carcome la vida de los ricos, ese parasito que no le gusta tener dinero solo para poder gastar, pero más como un arma de negociación, manipulación y control.
Ella…… lo quería todo.
Un día cualquiera en el mes de Agosto …..

Don Agustín asomando su cabeza por la puerta del despacho de Diego. 'Diego, cuando puedas ve a mi oficina que quiero hablar contigo'.

'OK, iré en un rato' responde casi como un robot programado para obedecer sin pensar.

Don Agustín regresa a su oficina y se sienta falto de aire y un leve dolor de pecho le recuerda su condición y su mortalidad.
Entrando al despacho de Don Agustín 'Dime papá' mientras inconscientemente arregla su corbata y endereza su saco pues sabia que seria observado detenidamente.

'Diego, quería hablar contigo de algunas cosas importantes' mientras sentado en su escritorio, se quita los espejuelos, pone las dos manos en el escritorio y respira profundamente.

'Dime, ya me tienes curioso, te noto raro, que tienes?' Mientras lentamente va tomando asiento frente al escritorio de madera fina, labrada en Italia e importado especialmente para Don Agustin. La oficina…limpia, muy estilizada pero a la vez sencilla, nada de fotos de familiares, algunas estatuillas, una foto con el Presidente de la República, una de su esposa y varios certificados y reconocimientos por sus aportes al comercio. Gran ventana, eso si, una gran ventana que daba vista de un lado a las oficinas pues un ojo era para sus documentos y otros para mantener la vigilancia de los 'holgazanes buenos para nada' que nunca podían dar el 100% que el quería según su perspectiva.

Como un balde de agua fría cae la noticia….. 'Me voy a retirar!' soltando un gran suspiro.

Diego abre los ojos a su máxima expresión y mira a su padre por unos segundos con la boca abierta sin poder argumentar palabra, no podía creer lo que sus oídos estaban escuchando.

Balbucea Diego.. '¿Qué? ¿qué? ¿Pero que dices? ¿Que te retiras? No, No puedo creerlo, tú siempre has dicho que nunca te retirarías. ¿Además, quien va a ocupar tu lugar?'

'Mira Diego (mirándolo directamente a los ojos) primero que todo, quiero decirte que, si es cierto que dudaba de tu capacidad para dirigir las empresas, pero en los últimos años reconozco que has trabajado duro y has ganado mi confianza, aparte de eso, ¿a quien más voy a dejar a cargo? ¿A Rodrigo? No es un secreto además que tengo esta dolencia cardiaca que tengo que atender y quiero pasar los últimos años que me quedan dedicándolos a tu madre y mis nietos' (2 hijos ilegítimos de Rodrigo).

'Diego, se que fui duro e inflexible contigo pero solo quería que fueras un hombre capaz y de bien pues sabía que tu hermano era caso perdido desde el principio'.

Diego entendió en ese momento las intenciones de su padre, que todos esos regaños, humillaciones y mano dura, solo era para prepararlo para este día. A Diego lo embargó un sentido de lastima por su padre

(pensando, mientras su padre aun le hablaba) 'Que pérdida, que lastima que una persona dedique su vida entera a hacerle la vida imposible a otra persona y llenarla de odios y frustraciones solo… solo para manejar un negocio, de verdad me das lastima papá'

Diego sintió por primera vez en muchos años que uno de los demonios que lo atormentaban se levantaba de su teatro y se retiraba…temporalmente.

'Bueno, solo eso quería decirte (mientras le pega con ambas manos al fino escritorio y se levanta de su silla) ya hablé con el abogado y el está preparando los papeles que te darían el poder de manejar la compañía. Mañana los firmaremos. Es importante, ya que sabes que tenemos muchos negocios en común con Don Pedro Vincini (el padre de Lorena) y si nos descuidamos ese zorro nos arrebata la dirección de la compañía' (mientras le sonríe, algo en realidad extraño verlo sonreír). (La Familia Vega poseía el 51% de las acciones y la Familia Vincini el 49%.)

Por primera vez en meses sale Diego antes de las 6:00pm de la oficina con una alegría que no podía ocultar, entra a su auto y se dirige a su casa con el radio a todo volumen cantando de felicidad. Al fin podía sentir que la vida le sonreía. Ni siquiera le informó a Lorena por teléfono, quería decírselo personalmente, quería que ella se sintiera orgullosa de él, de un logro tan importante, ya que su padre pudo haber elegido a uno de sus ejecutivos para dirigir las empresas o ceder a Don Pedro la posición.

Diego entra a su casa, abraza fuertemente a Lorena, algo poco usual, pues Lorena no era dada a los cariños.

Sorprendida, dando un paso hacia a tras, lo ve de arriba hacia abajo 'Diego, que te pasa? ¿Por qué estas tan contento?'
'Vamos a la habitación y te cuento, creo que con esta noticia me vas a dar lo mío hoy' (insinuando hacerle el amor) tomándola de la mano hace que ella lo siga.

Lorena lo mira y arruga la cara desaprobando pues no se imaginaba que hubiera una noticia tan buena que la ponga en ese tipo de actitud. Diego le cuanta todo a Lorena y ella lo felicitó, pero casi no podía ocultar su alegría, no por su marido, porque sus ambiciones de algún día poder tener control de tales riquezas estaban casi a la mano, ya Don Agustín sería un obstáculo menos.

'Mi amor, te lo has ganado' (le dice al oído en forma sensual, en referencia a que ganó el derecho de hacerle el amor mientras poco a poco, lentamente se va desabotonando la blusa)

Diego, había a aprendido a amar a su esposa a pesar de su forma tan fría y plástica de llevar la vida. Y de todos modos el aún mantenía su relación en secreto con Elizabeth, pues era Elizabeth que le daba ese calor que no encontraba en su casa. Diego estaba seguro que Lorena lo quería a pesar de su forma de ser.

'Lorena, te quiero' (Le decía viéndola a sus grandes ojos azules mientras se acostaba encima de ella) (La habitación, hermosa...moderna...obviamente repleta de "selfies" y fotos de Lorena con su familia y amistades, una gran pintura al óleo de ella ocupaba la pared de la cabecera de la cama....fotos de ella y Diego? Solo una pequeña foto en una mesita en una esquina olvidada de la habitación tomada el día de su boda)

Diego, en el momento que sentía que era más feliz, abrazaba tiernamente a su hermosa esposa colmándola de besos, caricias, tocándola muy apasionadamente empieza a desnudarla.

Diego estaba muy excitado, mas por sentir que su esposa le estaba correspondiendo a sus caricias como hacía tiempo no lo hacía, pues su frase preferida era: ´´ No, hoy no ´´

Diego se deleitaba de la belleza de aquella fría mujer, lo disfrutaba y de repente....todo cambió.... '¿Diego?' (lo aparta Lorena). 'Dime amor' extrañado la mira Diego. 'Apaga la luz, no me puedo concentrar con tanta luz' le responde.

'¿Segura? Es que tengo ganas de verte desnuda mientras hacemos el amor.'

'No! apágala o lo dejamos para otro día.' (responde en tono enojada y haciendo el simulacro de querer levantarse de la cama)

'Ok, Ok, ufff que carácter mujer!' Se levanta de la cama y apaga la luz.

Pero Diego, muy hábilmente, al apagar la luz, logra encender su cámara de video con capacidad de visión nocturna, ya que estaba seguro que Lorena se negaría a ser grabada haciendo el amor. El se abalanza sobre ella y empieza a hacerle el amor, la pone en diferentes posiciones muy estratégicamente frente a su cámara de video pues quería ver las expresiones de placer en la cara de aquella bella mujer la cual gemía de placer y le decía cuanto lo quería. Diego sintió que todos sus problemas habían terminado y que todo cambiaría....y no se equivocaba.

Al terminar de hacer el amor, Diego aprovecha la oportunidad que Lorena entra al baño y esconde la videocámara para ver la fílmica primero y luego mostrársela a Lorena, pensando que eso la excitaría y daría la chispa tan necesitada en su relación.

Lorena sale del baño, recuesta su cabeza sobre el pecho de Diego y le dice que lo ama y que las cosas serían diferentes en adelante, en realidad ella, como mujer calculadora estaba preparando el camino a su maquiavélico plan.

Día siguiente… …

Era sábado y aunque Diego acostumbraba trabajar, decidió quedarse en casa en realidad pues no podía esperar ver el video de la noche anterior.

Lorena se levanta temprano, algo no muy común en ella, se viste exquisitamente, perfectamente combinada con su cartera y zapatos comprados en su ultimo viaje a Paris, agarra sus llaves y antes de salir asoma la cabeza por la habitación, Diego apena levantaba la cabeza de la almohada; 'Amor, voy al supermercado, quieres algo?'
'Trae un buen vino y unos quesos para esta noche' (Diego mentalmente ya se preparaba para otra noche maravillosa).
'OK, besos, te veo luego' con una felicidad extraña sale de la casa. Diego se despide solo con un gesto de las manos.

Lorena sale en su lujoso Mercedes Benz convertible blanco, Diego al oír que el carro de Lorena se alejaba, salta de la cama aprovechando la oportunidad para buscar su videocámara, la conecta en su TV pantalla gigante para ver en grande su obra de arte. Empieza a ver aquellas imágenes de amor, de locura, ve como se mueve, gira y toma diferentes posiciones su mujer como si fuese una contorsionista.

Diego se encuentra muy excitado viendo aquellas imágenes oyendo los gritos
 de placer de Lorena cuando por fin ve lo que esperaba…..
Lorena tiene su cara justo frente a la videocámara justo en el momento en que alcanzaba el clímax, el orgasmo que ella no había tenido en meses y …….
¡No podía creer lo que sus ojos veían….Su esposa, su compañera, la mujer que amaba…… Fingía !!!
Sus expresiones quedaron claramente grabadas cuando ella fingía los gritos, los gemidos, cuando decía que estaba alcanzando el orgasmo, ignorando que estaba siendo grabada, giraba sus ojos hacia arriba en señal de hastío y desprecio por lo que Diego le hacía, en realidad lo repudiaba, sus expresiones faciales no podían ocultar lo que en realidad ella sentía, ella respiraba profundamente como buscando energías para poder mentir cuando Diego le preguntaba si ella lo disfrutaba, si lo quería, si lo disfrutaba, simplemente, fue un duro golpe para el.

Diego no pudo ver más.. Apagó la TV y quedó como en trance al ver tan horribles imágenes.

Mientras en su teatro de frustraciones, un demonio más ocupaba un nuevo asiento, pero este demonio no era como los demás, este demonio tomaría un lugar privilegiado en esta sala, este demonio opacaría a los demás, era como el necio que habla durante toda la película y no te deja concentrar en lo que ves. Este demonio se encargaría de atormentarlo de tal forma que casi le hace perder el sano juicio.

Este demonio se convirtió en el líder de los demonios que ya tenían asiento tomado en este teatro de locura y les daría rienda suelta al odio y los deseos de venganza, sentimientos tan oscuros que ni él mismo sabía que podía generar. También entró al escenario el demonio de la tranquilidad, pero la tranquilidad y el silencio del desesperado, el desesperado que empieza fríamente a calcular su venganza.

III

Pasaron varios días, ya Don Agustín se había retirado y cedido a Diego el control completo del Consorcio Turístico, esto había causado gran revuelo pues Don Pedro Vincini aunque sin manifestarlo abiertamente estaba muy disgustado pues como miembro fundador y poseedor del 49% de las acciones con mas de 35 años laborando y junto a Don Agustín forjaron el grupo empresarial que hoy brindaba tanta riqueza y comodidades pensaba que el había ganado el derecho de tener la presidencia de la empresa y no verse ahora teniendo a ese "mocoso sin experiencia" como definía Don Pedro a Diego.

Don Agustín estaba consiente que el puesto, por derecho le correspondía a Don Pedro, su socio de toda la vida, pero entendía que los ya 70 años cumplidos de Don Pedro eran demasiados para poder llevar toda la carga, además, entendía que los tiempos habían cambiado y el turismo y los negocios de hoy eran manejados principalmente por gente joven y no quería que Don Pedro convirtiera sus hoteles en asilos de ancianos, confiaba en que Diego sabía perfectamente lo que el turista joven quería.

Esta tensión entre las partes era sentida por todos, en las operaciones y las ganancias ya que empezarían a mermar. Era evidente que las cosas marchaban mal, no por la capacidad administrativa de Diego pero más por el "bloqueo" impuesto por Don Pedro el cual trataba de administrar las empresas a su modo y hacía caso omiso a las directrices de Diego.

6. meses después......

La situación empeoraba día a día. Ya Diego había dejado de ser esa persona afable, cariñosa, simpática y buen Cristiano, se había convertido en un fiel retrato de su padre, obstinado, gruñón e inflexible, pero en 6 meses algo no había cambiado, las ganancias seguían en picada. Don Pedro hábilmente había manejado la situación a la perfección en franca complicidad con su hija Lorena que le mantenía al tanto de todo lo que Diego pensaba y de sus conversaciones " de almohada". En fin, para Don Pedro, ¿qué representaban pérdidas de 2 ó 3 millones en una empresa que generaba mas de 600 millones anuales? Lo importante era el producto final, despojar a Diego de la presidencia, pues el poder tener control de las operaciones y las finanzas multiplicaría las ganancias de la Familia Vincini además de disfrutar del privilegio que dicha posición generaba y el poder de obtener el 50% de las acciones.

La Junta de Directores fue convocada en la que Don Agustín y Doña Dolores seguían siendo miembros activos. Poco a poco van llegando a la gran sala de conferencia de las oficinas principales, la mesa…inmensa, limpia y brillante, sus paredes decoradas con costosas obras de arte, café fresco, flores recién cortadas…..el ambiente…tenso!

El primero en entrar es El Dr. Torres, abogado del consocio y consentido de Don Pedro. En realidad era el hombre que el quería para su hija Lorena, educado en Harvard, hablaba mas de 4 idiomas, de reconocida familia de abogados, que aunque acomodado y refinado, su cuenta de banco era una mera migaja comparado a las cuentas de Diego. Uno tras otro entran todos los ejecutivos a la sala y formalmente empieza la reunión, en la sala se podía oír la respiración de un mosquito. Con postura de prepotencia como si estuviese en un juicio en una Suprema Corte de Justicia empieza su relato: 'Estamos reunidos hoy aquí y agradezco la comparecencia de todos para discutir la solicitud de Don Pedro Vincini nuestro Vice-Presidente. Don Pedro ha solicitado formalmente y basado en los estatutos establecidos, que sea removido el Lic. Diego Vega nuestro actual Presidente y CEO de su cargo basado en los últimos informes presentados por nuestro Departamento de Finanzas de los cuales hemos incluido una copia para cada uno de usted en los estados frente a ustedes donde claramente y sin lugar a ninguna duda se puede ver claramente que las finanzas y el futuro de nuestro consocio no solo va en picada pero la probabilidad existe de, en caso que no tomemos las medidas urgentes de lugar provocaría la quiebra de las empresas en poco tiempo'.Don Agustin notablemente enojado se para de su silla 'Dejémonos de mierderías y vamos al grano, aquí estamos hablando de mi hijo y mi principal socio'. 'Un momento! Esto es cuestión de negocios' (Doña Dolores, calculadora y más amante del dinero que a sus hijos). 'Que no se confundan las cosas, hasta donde tengo entendido, aquí nada es personal.

Es evidente que las finanzas de las empresas no van bien'. Diego también enojado por la introducción del Dr. Torres y el subsecuente comentario de su propia madre también se levanta de repente de su silla y mira fijamente a su padre 'Claro que no, pues Don Pedro se ha dado a la tarea de hacerme la guerra dentro de las empresas desde el principio y ha provocado una baja en la moral de los empleados y causado que los empleados me falten el respeto y obediencia pues Don Pedro insiste en que él es el que manda y que yo soy solo 'un mocoso sin experiencia ″ . O es que usted cree que esas cosas no llegan a mis oídos Don Pedro?'Eres un insolente, malcriado, no me faltes el respeto, tu no habías nacido cuando tu padre y yo empezamos este negocio' de forma cobarde se justifica don

Pedro.'Basta ya !! Para eso me retiré? Para tener a mi hijo enfrentando a mi socio y amigo?' Es que me van a matar del corazón?' Don Agustin en su marcada obesidad ya empezaba a sudar. 'Cálmate Agustín, cálmate' le pedía Doña Dolores agarrándolo del brazo insinuando que se sentara.Don Agustín estaba lejos de calmarse, (gran murmullo entre todos los integrantes) 'Cállense todos!! Dr. Torres?''¿Si Don Agustín?' de forma ya mas sumisa le contesta.'Prepare todos los documentos, voy a asumir la presidencia del Consorcio Turístico de nuevo. Quién esté en contra, que levante la mano'. (Silencio total, pues la furia de Don Agustín era bien conocida y si tomaba la presidencia aquel que estuviese en contra de él pagaría las consecuencias) *Para Don Pedro había sido una victoria total, tal como fue planificado. Prefería trabajar con Don Agustín, pero en realidad sus ambiciones eran más macabras.*

Sus planes maquiavélicos están en curso y no se detendría por nadie y ante nada. Para Diego fue el segundo golpe más grande de su vida, ya que la cara de asco y desprecio en la cara de Lorena en aquel video seguía vivo en su mente, imágenes que se repetían constantemente en su mente a cada segundo. *Sin duda alguna, el demonio de la tranquilidad del desesperado estaba haciendo un excelente trabajo, pero este demonio pronto perdería su asiento de preferencia en este teatro de revuelos, el asiento sería cedido al demonio, al demonio...de la venganza!*

A nivel profesional esto ha sido lo peor que le pueda pasar, su carrera, honor y reputación como hombre de negocios estaban en juego. Muchas cosas estaban en juego y Diego sabía que no tenía amigos, solo amigos de la posición, el dinero y el prestigio y que su teléfono no sonaría más al difundirse la noticia de su destitución.

Diego supo en ese momento que su futuro como profesional y dentro de las empresas había terminado, en adelante pasaría a ser un ejecutivo mas sin voto que ocuparía alguna oficina sin ventana, solo la muerte repentina de su padre le devolvería lo que había perdido ese día tan oscuro en su vida, pero sin saberlo, ya esos planes estaban organizados, planificados y aprobados por otras fuerzas mas poderosas.

Día siguiente....

Diego en realidad no podía creer lo que le había sucedido y no fue hasta el momento que tuvo que salir por la puerta principal cabizbajo con la más grande de las vergüenzas, humillado por Don Pedro y hasta sus propios padres. Todos los empleados evitaban el contacto visual, la escena era dantesca.

Diego sale sin rumbo, la verdad siente que todos en la calle lo miran y se burlan de él, se preguntaba a si mismo hacia donde debe dirigirse, solo decide manejar por horas y horas.

Don Agustin dentro de sí sabia que se había cometido una injusticia con su primogénito, decide llamarlo 'Diego, mira...perdona hijo, pero solo hice lo que es mejor para la corporación pues de ahí depende mucha gente y nuestros accionistas y socios solo aceptan excelencia de nuestra parte, no excusas'. 'Papá tú sabes que fue una treta sucia de Don Pedro para desplazarme y poder controlar las empresas a su antojo, como me haces esto, porque nadie me defiende, es que no soy digno de ninguna consideración?' le responde con lagrimas en los ojos.

Don Agustín, hombre con muy pocos escrúpulos y mucho menos paciencia para excusas no tarda en recriminarlo olvidando por completo los 8 segundos de compasión que sintió por su hijo al decidir llamarlo 'Esa ha sido tu vida, buscar excusas para justificar tus errores. Cometí un error en confiar en ti'.'Se arrepentirán de esto, te lo aseguro' (le cierra el teléfono y lo apaga, pues conociendo el temperamento de su padre sabe que volvería a llamar)

!Fiesta!!!!

Si.... los demonios estaban de fiesta, una gran celebración donde varios demonios sin experiencia en retorcer la vida de Diego fueron invitados a contemplar tan maravillosa e increíble escena, estos demonios eran privilegiados de presenciar una vida de infierno en carne viva.

Diego llega a un bar y decide emborracharse, empieza casi inconscientemente a imaginar, casi como una fantasía, la planificación de varios asesinatos, empezando por Lorena, Don Pedro y luego su propio padre, el Dr. Torres quizás? Si! El también, incluido!.

Todas aquellas personas que habían hecho de su vida un carnaval de demonios, un puro infierno. El demonio de la venganza tenia asiento preferencial este día, su asiento marcaba "Privado", que honor! había escalado un peldaño en su asenso a la élite infernal.

Después de varias horas y bastante bebido llega a la conclusión final que en realidad nada vale la pena, que la vida no tenía sentido. Va a su lujoso auto, sin duda alguna, una de sus pequeñas satisfacciones, una obra de arte, modificado y remodelado en California especialmente para él, había invertido mucho tiempo y dinero en este lujoso vehículo y decide que en aquella perfección debería terminar lo que hacía tiempo debió hacer.

Toma su arma, asegura que tuviese una bala en la recamara y le quita el seguro…..(Mientras se mira en el espejo retrovisor) Eres un fracaso (se dice a sí mismo), una pura mierda, una pura mierda(gritando) ¿Para qué sirves? Tu mujer…..ja …….a esa mujer…..le das ganas de vomitar, eres la decepción de todos, ni tus propios padres te quieren…(sollozando) tu amante……jajajajaja (risa llorosa)…tu amante!
Eres un idiota, sabes que solo le interesa tu dinero y posición. Dime estúpido, ¿Para que sirves?!!! (Se grita a sí mismo y luego calla por unos segundos). La respuesta es fácil…..

Toma el arma…apretándola mas fuertemente con su mano temblorosa….la coloca en su cien derecha, respirando agitadamente esperando ya lo inevitable…

Se ve fijamente a los ojos en el espejo retrovisor, como buscando ver ese último momento, 'Dios mío, perdóname por lo que voy hacer, perdóname… ábreme las puertas de tu reino y dame consuelo ya que en esta vida no la he tenido' (justo el momento cuando va a apretar el gatillo viéndose en el espejo retrovisor….ve alguien sentado en el asiento trasero!!)

Se espanta y pega un grito del susto y se voltea…pero nada………no había nadie!.

Aún tembloroso, confundido trata de pensar que fue esa visión que tuvo, ¿Sería el alcohol? ¿El momento de angustia?.... Baja el arma y reflexiona, trata de pensar qué o a quién fue que vio. Se pregunta si esto de verdad lo a llevado a la locura.
(Muy pensativo, tembloso, agitado) 'No, no podía ser……si,si …….era él……...si, si, si……..el mismo de hace……..5 años…en el baño. No, estaba delirando, no podía ser…… ¿pero cómo?'

De repente……tocan en el cristal del auto, se da aún un espanto mayor, ya que estaba sumido completamente en sus pensamientos, este susto casi lo mata. Ve y solo es un viejo andrajoso que al parecer quiere una limosna. Abre el cristal (Aún con lagrimas en sus ojos) "Qué quiere?" (le dice de mala forma y sin verle la cara, quizás queriendo que no viera la de él).

El viejo mueve su mano temblorosa y tocando a Diego en el hombro) '¿Qué haces hijo mío?'
Diego aún confundido, lo ve con susto y curiosidad a la vez) '¿Cómo?'
'¿Qué, qué haces hijo mío? ¿Quién te ha dado el derecho a querer tomar lo que no te pertenece?' le dice mientras le aprieta mas el hombro con sus manos arrugadas. Diego no tenía palabras, baja la cabeza como en trance, confundido pero al sentir la mano de aquel viejo andrajoso sintió una extraña sensación 'Dios conoce de tus necesidades hijo mío, busca donde debes buscar' (El viejo viéndolo de manera tierna y con una voz casi angelical y suave) Diego no pudo contener sus lágrimas y empezó a llorar desenfrenadamente tapando su cara con sus manos.

Eran demasiado emociones juntas, el darse cuenta que estuvo al cometer una locura, el más grave error. Mira hacia el viejo, pero este ya no estaba…sale del auto y mira hacia todos lados…pero nada.

Sus demonios que aun celebraban con gorros y pitos como si esperaran el año nuevo, fue como si le cortaran la luz faltando 3 segundo para las 12 de la noche de fin de año. Estaban furiosos!!.

Una fuerte lluvia empezó a caer y Diego se arrodilla en la calle llorando con sus brazos abiertos como implorando al Altísimo que lo acoja y le dé consuelo y dirección.

Al otro día...
Diego despierta tarde, sus emociones lo habían llevado al agotamiento extremo, además se había pasado de copas. No podía evitar pensar en todo lo que había sucedido la noche anterior, estaba confundido, pero a la vez, feliz de estar vivo. Nota que Lorena no está en la cama, raro, pues ella acostumbra dormir hasta tarde. La llama al celular.
'Lorena, ¿dónde estas? Son las 9:30 a.m. y no estas en casa'.'Trabajando' contesta con voz prepotente! '¿Trabajando? ¿Como así? No entiendo' aun mas confundido de lo que estaba. 'Mi padre me llamó y me explicó como te despidieron y él necesita alguien de confianza para ayudar a reordenar el disparate que estabas haciendo allá. Debería darte vergüenza'.

'Eres cruel. No puedo creerlo, mi propia esposa me desplaza'.
Apenas pudiendo sostener el celular en sus manos, es que esta pesadilla no tenia fin?

'Tu propia madre lo dijo, no es nada personal, negocios son negocios. Adiós que estoy ocupada'.

De repente, Diego solo oye el tono del teléfono, Lorena le había colgado, queda parado en su habitación, frente a la ventana, teléfono en mano, sus ojos..aguados, tapaba su boca con sus manos para que la servidumbre no escuchara su amargo llanto.

Se oyen unos pasos..... no eran pasos, eran.....como un baile...los demonios de la angustia y el desaliento miran hacia el lado y ven a un nuevo demonio entrando al teatro tarareando como si fuese Caperucita Roja, con una capa roja, color sangre, un cesto lleno de gusanos, alimañas y eses putrefactas, cantaba y entraba feliz a ocupar uno de los asientos vacantes, el demonio del odio se pone de pie y le da entrada a la fila, Bienvenida querida! Si! Era una hembra, ¡Que rica se ve! Decían algunos, otros.... la invitaban a sentarse cerca de ellos, ...ella solo les picaba el ojo....coqueta la muchacha! Quien es esta buena hembra que agrada tanto? Su nombre es... Mortificación!

Satanás al bautizarla le buscó el nombre perfecto! Los demonios de la desesperanza y la traición, la veían como una diosa, sus babas de azufre caían por los asientos mientras ella comía sus alimañas rellenas de pus provocando y exitando aún mas a los pobres demonios.
Suena el teléfono….

'Aló' contesta Diego que aun permanecía perplejo frente a la ventana. 'Hola mi hermano, como te sientes, es Rodrigo, me acabo de enterar, estas en todos los periódicos'.

'Esos come mierda me las pagarán, hasta Lorena me desplazo, está trabajando allá' mientras sale a la puerta para asegurar que la servidumbre no este cerca escuchando.

'No le des mente a eso, aprovecha, deja ese ambiente negativo y ven a visitarme, te hará bien, además necesito tu ayuda en algunas cosas'
Le dice Rodrigo en un tono mas alegre y típico de su personalidad de no tomar nada tan en serio.
Diego vuelve y entra a la habitación y cierra la puerta 'Y en que país estas ahora? No reconozco ese numero de teléfono'.

'Japón' contesta de forma jocosa. 'Y que diablos haces en Japón?'.
Educándome en la cultura japonesa, jajaja empieza Rodrigo a reír a carcajadas.

Rodrigo, es conmigo que hablas no con papá, en que andas? Ya Diego con curiosidad.

'Jajajaja, bueno hay una japonesita que me trae de cabeza, la conocí en mi viaje por las ruinas de Machu Pichu cuando estaba en Perú hace unos meses'.

Ya a Diego no le queda otra opción que reír también de las ocurrencias de su hermano 'Sabía yo que en algo andabas...jajaja. Bueno, es cierto, tengo que salir de aquí, arreglo unas cosas y en un par de días nos vemos por allá. Como nos comunicamos?'

'Estaré en Tokio, mandaré al chofer a buscarte, no te preocupes'

'OK, allá te veo, bye'. 'Bye' (se despiden mutuamente los hermanos, esa llamada le había levantado el ánimo a Diego). 'Japón? Hum suena interesante' se dice a sí mismo.

José, el fiel servidor de Don Agustín sería enviado a Japón por vías mas rápidas...la llamada había sido interceptada.

IV

'Don Agustín, cuales son sus ordenes?' José se comunica con Don Agustín por teléfono en camino al aeropuerto. Don Agustín le da ordenes muy especificas 'Solo investiga, mira ver que se traman esos dos, sabes que los últimos dos problemitas de Rodrigo me costaron casi 2 millones de dólares'. (Pago a la madre de los dos hijos de Rodrigo que demandaba derechos, custodia y dinero). 'Investiga especialmente la japonesita esa y si existe "un problema"… ya sabes que hacer'.

'Será como usted diga señor' mientras llegaba al aeropuerto. ¿Señor? ¿Quien se ocupará de su seguridad?

Don Agustin, se recuesta en su cómoda silla y prende un cigarro, 'No te preocupes, Luís (otro chofer y guardaespaldas) estará conmigo como siempre. Ya estoy viejo, ¿quien va a querer hacerme daño? Ve y has tu trabajo. Repórtate conmigo en 48 horas. Y José…..Ni una palabra de esto a nadie'.

Despreocupece señor, sabe que soy una tumba. Lo contacto en 48 horas.

La conversación de José y Don Agustín, tanto como la de Diego y Rodrigo fueron interceptadas y grabadas por un demonio, pero no era un demonio como los que habitan en nuestro ser o en el infierno, este era un demonio vivo, observador, maligno, que solo espera el momento preciso para cantar su himno nacional, el himno del canto a la maldad y la desesperanza…..Don Pedro! Si, Don Pedro que durante años había mantenido una pocilga infantil, una pocilga de demonios donde crecieron sus dos demonios favoritos, "Envidia y Sed de poder".

Estos dos demonios fueron alimentados, y engordados con alimento fortificado llamado humillación. Alimento que fue suplido por Don Agustín cuando cedió la presidencia a Diego.

Don Agustín había olvidado un detalle, un acuerdo hecho hace muchos años, un acuerdo que indicaba que en caso de la muerte repentina del presidente del Consorcio, el vicepresidente sería el sustituto inmediato y controlaría el Consorcio…..Don Pedro no lo olvidó.

Para Don Pedro había llegado el momento indicado, el momento de tomar acción, una oportunidad como esta no se presentaría fácilmente….

En la oficina……

Don Pedro entra a la oficina de Don Agustin, 'Agustin la secretaria me dijo que querías verme' Su talante, simulando un perro sumiso 'Si Pedro, quiero que te hagas cargo de las cosas aquí, solo por unos cuantos días, tengo que hacerme unos análisis para verificar este marcapasos que creo que necesita mantenimiento pues con todo esto que ha pasado no dudo que me falle un día.

Estaré en la clínica hasta el fin de semana si me necesitas'
'No te preocupes Agustin, sabes que puedes contar conmigo, si alguien hay en este mundo que te apoya en todo soy yo'. (Poniendo su mano en su hombro izquierdo en señal de apoyo).

El demonio del engaño se levanta de su asiento y sale al escenario a recibir su premio como mejor actor, digno de los Premios Oscar, Don Pedro era un perfecto maestro de ceremonias.

Los demonios preferidos de Don Pedro, Intriga y Malicia, ya tienen sus ordenes y como buenos soldados obedecen a su amo y sin mas, se preparan para su misión aleteando sus podridas alas, cables en mano se preparan para fundir las baterías del marcapasos de Don Agustin y con sonrisa retorcida, se miran uno al otro y mueven sus cabezas en señal de aprobación.

'Se que puedo contar contigo....Pedro....quiero que me disculpes si esta situación con Diego te ha molestado'. 'No te preocupes Agustin, ya todo pasó, no fue nada, al muchacho había que darle su oportunidad, sabes que solo quería ayudarlo pero parece que Dolores lo consintió demasiado'.

Don Agustín, da un suspiro, queriendo reafirmar la opinión de Don Pedro 'Si, esos muchachos (Diego y Rodrigo) fueron demasiado consentidos'. Pero Don Pedro, siempre adulador lo tranquiliza 'Olvida eso, vete, hazte tus análisis tranquilos yo te mantengo informado de todo'. 'Ok', (dando con ambas manos en el escritorio como es habitual) 'coordina con Gladys (secretaria de Don Agustín) para las reuniones pautadas para esta semana. Daré un recorrido por las instalaciones para arreglar unos asuntos antes de irme'. (Don Agustín tenía que estar al tanto de todo, quería reiterar a todos que el estaba al mando de nuevo)

Sale Don Agustín de las oficinas...
Don Pedro no pierde un solo minuto e inmediatamente pone su plan en operación 'Paola, (su secretaria) dígalo a Luís que quiero verlo ahora'. Le dice al pasar frente a ella en su ante-despacho.
'Enseguida lo llamo' contesta, tomando el teléfono seguida y conecta a la oficina de Don Pedro.

En voz prepotente le dice 'Luís' (guarda espaldas de Don Agustín). 'Dígame Don'. (Hombre brusco, sin educación formal en donde la delicadeza y el buen tacto se extinguieron en tiempos de su niñez). 'Te tengo un trabajo, hay un cliente que tienes que irle a cobrar, es un cliente muy especial que tienes que tratarlo con delicadeza'. 'Uté sabe que yo trabajo fino mi don'. Esas son las respuestas que le gusta oír Don Pedro, obediencia sin preguntas 'Lo sé, por eso cuento contigo, si me haces este trabajo bien serás muy bien recompensado, este cliente me debe mucho y es tiempo de cobrar'.

Luis, duda un poco pero aprovecha la oportunidad, ya que este es un trabajo especial, su pago debe ser especial 'Solo le pido una cosita mi Don, si uté queda complacío con el cobro, quiero que me consiga una visa pa'lo paíse' (USA)

Don Pedro necesita este trabajo urgente, por un profesional y hombre de confianza, no pueden haber errores y esta dispuesto a ofrecer lo que sea necesario 'Dalo por hecho, dale tus papeles a Paola y yo me encargo de todo. Esta noche te veré en la Clínica, Don Agustín se va a internar para unos análisis médicos, ahí te daré los detalles'.Luís, de otro lado del teléfono, con gran sonrisa, salta de alegría pero sin hacer sonido alguno 'Como uté mande mi Don'.

V

48 horas después....

Aterriza en Tokio el avión en que llega Diego a visitar a su hermano Rodrigo... Va saliendo Diego por la terminal, viendo de un lado para otro, medio perdido ya que era su primer viaje a Japón. 'Hola Sr. Diego' (en español le saluda Takeshi, pero con muy marcado acento japonés el cual levantaba un letrero con el nombre de Diego Vega, Diego respondió con una señal de mano)

'Hola, soy Diego Vega'. Takeshi le hace típico saludo japonés 'Sr. Rodrigo me envió a recibirlo'.

'Perfecto!' responde Diego 'Vamos' (Toma Takeshi las maletas de Diego y se dirigen a una limosina Mercedes Benz.)

Camino al encuentro con su hermano, Diego mira por la ventana, se asombra de la belleza del país "Es mi primer viaje a Japón" le dice a Takeshi

'Estoy seguro que gustará a usted. Yo seré guía'. Le responde mientras lo ve por el vidrio retrovisor.

'¿A dónde está Rodrigo?' mientras ve unos panfletos y mapas turísticos de Japón

Takeshi con una sonrisa agradable vuelve y lo ve por el retrovisor 'Sr. Rodrigo esperando con novia'.

Diego, por unos momentos se pierde en sus pensamientos.....

Los problemas se veían venir... dos mujeres, en un solo lugar, enamoradas de un solo hombre....se miran una a otra con odio y sin decir palabra....las demonias de las dudas e incertidumbre se agarran por los pelos, se dan bofetadas e intercambian insultos, ambos peleando por su hombre, ninguna quiere ceder, lo quieren abrazar como la novia mas enamorada... Quien dice que en el teatro de demonios no hay conflictos amorosos? ....quien se quedará con el? Diego era un soltero muy codiciado.

Una hora después llegan a una lujosa, pero tradicional casa japonesa donde se hospedaba Rodrigo. Rodrigo sale corriendo a recibir a Diego al verlo llegar!

'Diego! Diego! Mi hermano, no puedo creer que estés aquí.' (Abrazándose uno a otro fuertemente)

Diego lo ve de arriba a abajo 'Te ves bien, que gusto verte mi hermano'. Rodrigo lo toma por le brazo 'Ven entra, déjame presentarte a mi japonesita'.

Entran a la casa y ve algo que lo aturde, las dos mujeres mas bellas que había visto en mucho tiempo, era la japonesita Kiko y una amiga de ella de origen chino y latino, su nombre era Lai. Lai y Kiko parecían dos muñecas de porcelana salidas de un estante, vestían sus respectivos trajes tradicionales a petición de Rodrigo para impresionar a Diego, quería darle una bienvenida que no olvidaría. Rodrigo sabía que Diego estaba pasando por uno de sus peores momentos y necesitaba despejar la mente, relajarse. 'Hola Diego' lo saluda Kiko con una gran sonrisa y el tradicional saludo japonés

Diego trata de imitar el mismo saludo pero sin estar seguro de hacerlo correctamente 'Hola, encantado de conocerte'

Después del saludo, Kiko como la amiga que quiere la felicidad de su mejor amiga, deprisa va a presentarle a Lai 'Déjame presentarte a Lai, es mi amiga desde niña, es china-colombiana pero ha vivido en Japón desde niña y asistimos juntas a la escuela, es mi mejor amiga'.

Casi sin poder decir palabra abrumado por la belleza de Lai, hermosa mujer de solo 21 años, su pelo negro....una catarata que suavemente cubría su espalda hasta la cintura, su figura....exquisita, heredada de su madre colombiana, sus caderas ......uff ...bien formadas delataban su origen latino. Su padre, un gran empresario chino radicado en Hong Kong. 'Encantado de conocerte Lai, eres muy hermosa' (Diego no pierde tiempo como buen conquistador).

'Mucho gusto Diego, Rodrigo no me había dicho que tenía un hermano tan apuesto' al parecer que la atracción fue mutua pues los ojos de Lai brillaban ante la presencia de Diego. 'Muchas gracias, alguien tenia que ser bonito en la familia' (Diego bromea y todos ríen). Rodrigo como buen anfitrión, copa en mano 'Bueno, vamos a celebrar que Diego está aquí, démsle un tours por Tokio e iremos a un buen restaurante a comer.'

Están de acuerdo, suben a la limosina conducida por Takeshi y salen hacia el centro de Tokio pero ignoraban que eran seguidos muy de cerca .... Pasaron varios días, Diego disfrutaba mucho la hospitalidad japonesa, pero mas la compañía de Lai.

'Kiko, llevemos a Diego de compras.' Rodrigo le dice a Kiko mientras entra a la cocina en su bata de dormir de fina seda al estilo japonés, abrazando a Kiko por detrás le da un dulce beso en la mejilla. Sin duda Rodrigo se había japonizado y se sentía muy feliz y adaptado a esta maravillosa cultura y la dulzura de su gente.

'Si Diego, necesitas ropa mas relajada, siempre vistes muy serio. Yo necesito unas cositas también, creo que he engordado un poco' (miraba Kiko a Rodrigo y sonríe, era evidente que Kiko no había engordado de tanto comer).'Felicidades hermano'!! Levantando Diego su taza de café al aire.
Lai pega un grito de alegría... 'Ahhhhhh..Estas embarazada? No te puedo creer!' mientras dando brincos y corriendo va a abrazar a su querida amiga.
Rodrigo con cara de estúpido miraba a Kiko sin poder decir palabra... 'Pe..pe... pero como?' (balbuceaba). 'Me hice la prueba hoy, vas a ser papá Rodrigo' abrazándolo con mucho amor. 'Mi amor, estoy feliz, yyyeeeaaaa, voy a ser papá' se dan un tierno beso en medio de la cocina.

'Felicidades Kiko, estoy muy feliz por ustedes' mientras va Diego y los abraza a los dos juntos. 'Quiero que tu y Lai sean los padrinos' mientras Kiko agarra las manos de su amiga y viendo a Diego.
'Sería un placer, que dices Lai?' (esperando una respuesta positiva, pues ello daría mas razón para compartir con ella, estaba deslumbrado)

Diego sentía con solo unos día en Japón, que todos los problemas dejados en Santo Domingo habían desaparecido, ni siquiera había pensado en Lorena por varios días y ella tampoco había hecho ningún esfuerzo para localizarlo, ya tenía lo que siempre había querido, controlar junto a su padre la corporación.....casi.
Mientras del otro lado de la ciudad y muy lejos de la felicidad de los jóvenes enamorados los planes de gente mas oscura seguían en movimiento...

Suena el teléfono...'Don Agustín, como se siente?'. El fiel soldado se reporta con su general. 'Aún en la Clínica, dame noticias' siempre amargado y con un tono de siempre estar enojado o de que cada llamada que recibe solo es para molestarlo. José, con voz media temblorosa pues aunque era hombre bravo, le temía al mal carácter de Don Agustin 'Sr..., era lo que usted había sospechado.....hay un problema!'

El demonio de la rabia se abalanza sobre Don Agustin 'Ese idiota bueno para nada, (decía bastante enojado) José, ya sabes que hacer, resuélveme ese problema.'
'Pero señor, es riesgoso y Diego los acompaña, porqué no espera a ver que pasa.' José, sabiendo que era a el que le tocaba hacer el "trabajo" y estando fuera de su elemento, fuera de su casa donde se podía mover con impunidad, con su mente calmada le pide tacto y precaución.

Don Agustín siente que su presión arterial volvía a subirle repentinamente '¿Es que te lo tengo que repetir o tengo yo mismo que ir a resolverlo?' José se da cuenta que convencer al viejo Lobo era imposible pues como buen perro callejero se somete a la voluntad de su amo 'Lo que usted diga señor'. Lentamente bajando el receptor del teléfono (teléfono público) y termina la llamada....(queda pensativo) 'Ya estoy viejo para esta mierda' mientras sale de la cabina, arregla su abrigo, viendo de un lado al otro a ver si era seguido o había alguien sospecho en los alrededores, las viejas costumbres nunca se pierden.

José había llegado a Japón antes que Diego arribara, estuvo vigilándolos todos estos días, escuchando cada palabra utilizando equipo sofisticado, ahora tenía un trabajo que hacer.

José no era el único que espiaba los hermanos Vega, el Sr. Nakamura, asesino pagado por Don Pedro también observaba cada movimiento de los hermanos Vega.. y los de José.

En Santo Domingo....

'¿Agustín, como estas?' (Don Pedro visita a Don Agustín en la Clínica.)
'Me siento débil, me van a cambiar el marcapasos, tiene problemas.' Le dice Don Agustin mostrando preocupación. 'Descansa, pronto te pondrás bien' (Lastima que Don Agustin se encontraba tan débil y vulnerable pues hubiera podido ver de lejos la hipocresía en los ojos y el tono de voz de Don Pedro).

El demonio de la decepción, como un bailarín de Tap baila bajo la lluvia de debilidad de Don Agustin, con gran habilidad sube y baja por los escalones entre la neblina de la confusión provocada los fármacos que le estaban suministrando al viejo César al final de sus batallas.

Don Agustín ya fastidiado por gente hablando, sueros, los sonidos de los monitores, mira a su esposa 'Dolores, que se vaya todo el mundo, no quiero ver a nadie, quiero descansar, no me siento bien.'
Doña Dolores sentada al lado de su consentido le agarra la mano 'Agustín, la gente de Barceló (empresa hotelera) están aquí, No los vas a recibir?' Don Agustin piensa por un segundo..'Diles que me disculpen, los veré mañana, que hablen con Pedro. Vete tu también, te ves peor que yo' 'Me quiero quedar a tu lado, iré a la casa a darme un baño, ver como están los nietos y regreso.
'No, quedate con los niños, ven mañana y me traes un buen Cohiba.'
Doña Dolores lo mira como una madre que cuida a sus críos con mucho celo 'Ni pienses que vas a fumar. Esta vez harás lo que yo te diga'. Don Pedro interviene en la conversación 'Agustín llévate de Dolores, no seas terco.'
Don Agustín toma a Don Pedro por el brazo.. 'Pedro, acompaña a Dolores a la casa por favor, los veré mañana'. 'OK, te veo mañana, no te mueras sin mi, viejo verde (le dice en forma cariñosa su mujer de tantos años). El no la quería preocupar, pero dentro de sí sentía que algo no andaba bien 'No te preocupes, hay Agustín para rato.' Pedro se dirige a la puerta 'Vámonos Dolores, dejemos este viejo aquí.' Don Pedro abre la puerta de la habitación y le señala a Doña Dolores que salgan.

Hmmmm......gran preocupación! camina de un lado para otro, pensativo, decide salir, va a su lugar favorito y pido un trago... 'Lo mismo y deja la botella!'..se sienta en el bar, cabizbajo, sigue pensativo, se pregunta..Será que me quitará mi trabajo? Me pondrá en mala con el jefe? Que haré? Que pasa conmigo?....Llena el vaso y se da otro trago de su bebida favorita..Acido Sulfúrico 40 mil años! Ahhhhh!!!!!!!!!!!!!! Tremendo trago! Envejecido en las bodegas calurosas del infierno, estaba en su punto!

El Demonio de la Traición, hijo primogénito del Demonio de la Ambición y la Demonia de la Maldad, bebía y bebía muy preocupado ya que el odio que había crecido en el corazón de Don Pedro ya estaba al mismo nivel que un demonio experimentado y fácilmente pudiera remplazarlo cualquier día. Hasta en el infierno hay competencia y preocupaciones y Satanás como buen CEO de su empresa diabólica le daría el puesto a quien mejor lo ejecute. Al otro lado del bar los otros demonios solo escuchan 'Dame otra botella'
La situación era seria!

2 a.m.... en la clínica....

La clínica esta desolada, solo se oyen las conversaciones ocasionales de las enfermeras de turno, los beeps de los monitores, unos pasos...se abre una puerta...alguien entra... 'Don Agustín, ...Don Agustín' le dice en voz baja mientras lo mueve un poco.

Don Agustín, medio confundido despierta de su sueño. '¿Luís?' mientras mira su reloj perplejo '¿Y tú que haces aquí a esta hora? ¿A donde está Alberto?' (el guardaespaldas de turno). 'Shhhh.... tranquilo, Alberto tuvo que salir.' '¿Y porqué me despiertas? ¿Qué pasa?' Ni su condición le calmaba ese mal humor. 'Tranquilo, tranquilo, solo vine a darle un mensaje' le dice haciendo ademanes con la mano de bajar la voz.¿Mensaje? ¿Qué mensaje? ¿De quién? Espero que esto sea importante (tantea con las manos buscando sus espejuelos en la mesa de noche.) Luis lo mira fijamente.... 'Si, señor, muy importante' (mientras manipula los cables del monitor cardiaco que estaba monitorizando a Don Agustín)¿Que haces con los cables? Le dice Don Agustin mirando por arriba de sus espejuelos.'Su enfermera me dijo que los pusiera a este otro aparato, ella está ocupada con otro paciente' (mientras sigue manipulando los cables del monitor cardiaco) 'Dime ya el mensaje, necesito descansar y me estás molestando.
(Don Agustin se vira queriendo ignorarlo).

Luis se le acerca, mira hacia la puerta, no ve a nadie, despacio baja la cabeza al nivel del oido del viejo gruñón y le dice mientras saca un papel de un maletín......el mensaje es de Don Pedro...le mandó a decir esto....
'Ya no me humillarás mas, hijo de puta...muérete'
Don Agustín abre los ojos a su máxima expresión, sorprendido y asustado. Luís le coloca un potente imán justo encima del marcapasos defectuoso logrando que este dejara de funcionar, provocando que su débil corazón, como máquina vieja empezara a fallar…...Don Agustín sentía como la vida se le escapaba de las manos, como poco a poco se extinguía la luz de su vida, intentando gritar o apretar el botón que avisa a la enfermera pero Luís le pone la mano en la boca y le sostiene sus ya debilitados brazos…....Luís, viéndolo a los ojos y en voz baja le dice ...
'Don Agustín, ¿que se siente no poder tener el control ahora? No se preocupe, todo acabará pronto, ssshhhhhhh (mientras las pupilas de Don Agustín se dilataban y los ojos, virado hacia arriba...miraban hacia la nada cuando su corazón daba sus últimos latidos.) *Don Agustín ..... Había muerto!*

Luís, en complicidad con la enfermera deja conectado un simulador cardiaco que reflejaba latidos normales para que nadie se percatara de la hora exacta de la muerte, de esta forma, si por casualidad era visto por alguien, no lo relacionaran en haber estado junto a Don Agustín a la hora que dejó de funcionar el marcapasos. La enfermera cómplice, esperaría dos horas más para remover el simulador cardiaco y colocar los cables al pecho de Don Agustín.

Todo había salido a la perfección!!

VI

En Japón....

Los hermanos Vega compartían como buenos hermanos, como no lo habían hecho por muchos años, felices se sentían de no tener las presiones sociales, presiones de sus padres, de trabajo, sin duda eran días felices. (Caminaban tranquilamente por las calles, recorriendo las tiendas, se detienen a beber un buen café, el día apenas empezaba)

Sentados en el café, Rodrigo mira a Diego y le dice 'Diego, hagamos algo especial hoy, vamos a buscar a las muchachas, quiero llevarte a los museos a ver todas las armaduras Samurai'. 'Eso me gustaría, a propósito, hace tiempo que no voy a mis clases de Aikito, ya soy un experto en el uso de las armas y lucha cuerpo a cuerpo.' Le dice Diego tomando un buen sorbo de café. 'Me imagino' (le responde Rodrigo mientras come su desayuno habitual de huevos, tocineta y pan) 'Ya tienes como 10 años practicando, raro que no habías decidido venir a Japón antes.'

Rodrigo, mientras ríe aun con la comida en la boca 'Yo también soy experto en la lucha japonesa'. Diego lo mira raro..¿Tú? Nunca he sabido que practicas artes marciales ni nada parecido.'

Rodrigo no puede contener la risa 'Si, experto en lucha cuerpo a cuerpo con Kiko (dice en forma jocosa) si ves como nos revolcamos en la cama, siempre pierdo, ella termina siempre arriba, jajajaja'. 'Jajajajaja idiota'
(A Diego le causó tanta risa que casi voltea su tasa de café)

Llaman a las muchachas, terminan de desayunar y salen con Takeshi en la limosina a buscar a Kiko y luego pasarían a buscar a Lai.

En el teatro de la vida de Diego había un asiento vacío sin justificación... faltaba el demonio de la infelicidad. A donde estaba? A donde se había metido? Quien le había dado permiso a retirarse? Satanás estaba furioso!

Kiko, se prepara en espera de Rodrigo y Diego cuando tocan a la puerta.. 'Dare?'(Quien? en japonés). ¿Sra. Kiko? Pregunta la voz gruesa del otro lado de la puerta. 'Si, ¿quién me busca?' (pregunta sin abrir la puerta).
'Es Jesús, (José da un nombre falso) trabajo para la Familia Vega en Santo Domingo, estoy de visita en Japón y el padre del Sr. Rodrigo me encargó entregarle un regalo.'
'Oh! Que bien (abre la puerta) entre por favor' dandole el tradicional saludo japonés.

'Gracias, bonito apartamento (entra a la sala y espera que Kiko cierre la puerta).
'No sabía que el padre de Rodrigo supiera de nuestra relación' lo dice con una marcada felicidad en su rostro, sin duda estaba enamorada.
'Perdone, parece que arruiné la sorpresa, el quería darle la bienvenida a la familia, quiere que usted vaya a Santo Domingo a conocer toda la familia.' José toma un porte y transforma su tono de voz en una forma tan cordial que hubiese convencido a cualquiera de su sinceridad.

Kiko ahora se siente marcadamente emocionada mientras le hace señal a "Jesus" que toma asiento 'Wao, eso es buena sorpresa, me encantaría. Ese Rodrigo lo voy a matar, no me había dicho nada'
'Bueno, estoy seguro que quería sorprenderla' le dice mientras va tomando asiento.
'Quiere café Sr. Jesus? 'Si claro, gracias'

Los demonios del teatro de José se levantan de sus asientos en fanfarria, como si adularan a un candidato presidencial en plena campaña política 'Azamuku, azamuku, azamuku' decían levantando sus manos, se daban "High Five" entre ellos, sin duda José era un héroe para ellos.
Si!, le vociferaban y lo adulaban como el "El Gran Burlador", el hombre en verdad era un profesional.

Kiko va a la cocina y empieza a preparar el café, era el momento que esperaba José. Se levanta de su silla y camina lentamente hacia la cocina, Kiko se encuentra de espaldas lavando las tazas. 'Sra. Kiko, el padre de Rodrigo le envió otro regalo.' (Sin voltear) '¿Si? ¿Qué?'
'Le garantizo le va a gustar, me ordenó que me asegurara de que usted se lo probara, pues es muy costoso' (José saca un estuche típico de un collar de perlas, se coloca justo detrás de Kiko). '¿Me permite?' (mostrándole el estuche)
'Si claro' responde rápidamente (como mujer al fin….la vanidad de verse con un costoso y fino collar de perlas le durmió todo sentido de la desconfianza ante gente extraña).

José le mueve un poco hacia detrás su larga cabellera…y le coloca su regalo………………..

AAAAAAAAHHHGGGGGGGGG!!! (Kiko abre sus ojos a su máxima expresión, trata de gritar….se retuerce frenéticamente) . José la estrangulaba con un cable, como todo asesino profesional, seguía las ordenes al pie de la letra, el problema tenia que ser eliminado).
'Sra. Kiko..'(le susurra al oído mientras apretaba mas y mas el cable sobre el

fino cuello sin que ella pueda hacer nada) 'Sra. Kiko... ese es el regalo que le enviaron, espero que lo esté disfrutando' (mientras sonreía cuanto más apretaba el cable, el sudor ya le corría por la frente).

Kiko cae al suelo, ya sin fuerzas para pelear, sus ojos... por ultima vez tratan de ver a José como preguntando porqué le quitaba la vida, pero José solo sonreía.

José, hombre de una increíble fuerza corporal, apretó tan fuerte aquel cable en la delgada garganta de Kiko que se incrustaba en su delicada piel y sangraba. Kiko, ya no se movía más....ella y el hijo que espera...habían muerto!.

José sale rápidamente del lugar sin dejar huellas de su presencia excepto por el cuerpo inerte y sangrante de Kiko, sale a la calle, la cruza y entra a su vehículo. En ese mismo instante llegan los hermanos Vega y parquean frente al edificio. Cuando Diego sale de la limosina ve aquel automóvil que rápidamente se aleja.

Un sexto sentido arropa el cuerpo completo de Diego.. 'Rodrigo, podría jurar que vi a José en ese automóvil.' ¿Qué? Estas loco, ¿hablas de José el chofer de papá? 'Si!' responde mientras se desmontan del lujosos automóvil.
Rodrigo no le dio mucho crédito a la "visión" de Diego 'Tonterías, ¿que va hacer el chofer de papá en Japón? Además nosotros lo sabríamos.'
'Es verdad'. Lo dice mas para tranquilizar a Rodrigo, pero estaba casi seguro de lo que había visto. Takeshi como buen y servidor chofer les abre la puerta.'Takeshi, espera aquí bajamos en unos minutos.' 'Si señor' mientras se queda de pie al lado del vehículo en espera de sus patrones.

Suben los dos hermanos al apartamento de Kiko, todo parecía normal, tocan la puerta pero nadie contesta...

Desde fuera del teatro, solo como un murmullo al principio pero poco a poco se van escuchando las maracas y las canciones de fiesta.....El carnaval estaba por comenzar!

'¿Habrá salido?' Dice Diego. 'No creo, ella sabe que veníamos a buscarla, seguro estará en el baño, yo tengo llave.' Rodrigo saca sus llaves y *abre la puerta....*
'¿Kiko? ¿Kiko?' (la llama constantemente sin tener respuesta) '¿Y dónde está esta mujer?'
Diego se sienta sin mucha preocupación 'Mira ver si está en el baño'
Rodrigo busca en las habitaciones y los baños y no la ve. 'No está, esperemos. ¿Quieres una cerveza?' 'Si claro' responde. 'Ok, Te la busco'

Rodrigo va a la cocina…

'NOOOOOOOOOOOOOOOOOOOOO (gritando fuertemente) NOOOO, Dios mío Noooo' (mientras toma a Kiko entre sus brazos y la aprieta a su pecho, la sangre aún corría
y la delicada figura de Kiko casi como dormida reposaba en los brazos de Rodrigo que gritaba con todas las fuerzas de su alma)

Diego se levanta rápidamente de su silla y va hacia la cocina.
No puede creer lo que sus ojos ven, Diego queda paralizado ante aquel horror… su mente no podía aceptar aquellas imágenes tan espeluznantes…sale de su asombro y le arrebata a Kiko de las manos a Rodrigo y empieza a darle respiración boca a boca y compresiones en el pecho… Rodrigo, con los brazos abiertos lloraba desenfrenadamente, tembloroso trataba de tocarla…..'Rodrigo, ayúdame!' (resucitación cardiopulmonar) Rodrigo trata de darle compresiones en el pecho con todas las fuerzas y pidiendo a Dios por la vida de su amada. 'Dios, no me abandones, no me la quites, ohhh Dios mío no, esperamos un hijo, no me los quietes, por favor….por favooor!!!!' (Lloraba sin consuelo)
Diego ve que los intentos de salvar a Kiko son inútiles, no había marcha atrás, estaba muerta.

Pero no todo era tristeza, pues los demonios de la ira y la desesperación estaban en pleno festival y como si fuese a ritmo de tambores danzaban levantando de sus sillas a los demonios de la confusión, la desolación, la amargura y la impotencia que a pitos y maracas celebraban la gran tragedia que había sucedido, tragedia tal que daba la impresión que el mismo Satanás era el maestro de ceremonias pero…..las celebraciones apenas comenzaban….

Diego toma el teléfono y llama al servicio de emergencias e informa de lo acontecido. Después de unos minutos reflexiona por un segundo 'Hijo de puta! No puedo creerlo, no puedo creerlo!' (saca su teléfono celular y llama a las oficinas del consocio)
'Buenos días, Consorcio Turístico, en que puedo ayudarle?' contesta Gladys la secretaria de Don Agustin. 'Gladys, es Diego'. 'Sr. Diego, como le va, lo extrañamos por aquí', 'Gladys no tengo tiempo para idioteces (le responde bastante incómodo)dime donde está José'. ¿José? Eeehhh no sé, debe estar en la clínica con su papá me imagino' responde mientras se ve las uñas recién pintadas.
Pregunta con preocupación…'¿Clínica? Papá está en la clínica? ¿Qué pasó?'

'No, nada, no se preocupe señor Diego, su padre está allá desde ayer, le hacen un chequeo a su marcapasos. (Gladys mentía, ya estaba al tanto de la muerte de Don Agustín pero se le había ordenado no informar nada a nadie hasta que se hicieran los arreglos y se avisara a toda la familia.

Ya Don Pedro había tenido una conversación privada con Gladys que aunque fue la secretaria privada de Don Agustín por mas de 15 años, sabía que ya Don Agustín muerto, sus días de empleada estaban contados y tendría que devolver ciertas propiedades que le fueron cedidas por favores especiales hechas al jefe cuando necesitaba sentir una piel joven y suave. Don Pedro le aseguró que ella mantendría su estatus, salario y propiedades, que estaría trabajando para él a cambio de "otros" favores. Gladys no era mujer de sentimentalismos, era realista.

'OK, quiero saber donde está José' le repite de nuevo. 'Déjeme pasarle a la oficina de Don Pedro'. Le transfiere la llamada.
'Oficina del Don Pedro Vincini' responde Paola, la secretaria de Don Pedro.
'Paola, es Diego, ¿sabes donde está José?' 'Hola Sr. Diego, no, no sé pero espere, Don Pedro quiere hablar con usted'. Paola transfiere la llamada a la oficina de Don Pedro 'Diego, ¿como estás?' (mientras da una vuelta completa en su silla seguro que tenia la situación bajo control y su plan estaba saliendo a la perfección.)
'Don Pedro, no sea hipócrita' le contesta Diego. 'Olvida eso ya muchacho, escucha, tu padre está en la clínica y está delicado, necesito que tu y Rodrigo vengan inmediatamente a verlo.'
'Estamos en Japón' (Inocentemente le dice sin saber que ya Don Pedro estaba totalmente al tanto de todo). 'Ok, yo me encargo de todo. Los va a contactar con un Sr. Nakamura que arreglará su viaje de regreso'. Don Pedro marca por la otra linea al Sr. Nakamura.
'Ok, dime, donde está José?.

'No sé',¿Por qué?' (Don Pedro, ese demonio en carne y hueso mentía tan descaradamente) Ya Diego tenia ese presentimiento que algo andaba mal pues al parecer todos evadían la pregunta.
'Por nada, adiós' (le cierra el teléfono repentinamente sin darle mas información)

Rodrigo aun desconsolado mirando a Diego como buscando un consuelo divino que lo ayudara a entender lo que estaba pasando 'Diego, que pasa, que pasa? (grita entre sollozos) 'No sé, me dijeron que papá está en la clínica con problemas con su marcapasos, parece que es delicado y quieren que salgamos para allá'.

Rodrigo grita.. 'Qué diablos me importa eso ahora? mira Diego, mira, mira como dejaron a mi Kiko, ¿porqué?, ¿quien pudo hacer esto? ¿Porque preguntas por José? (exaltado) QUE carajo tiene que ver con esto, háblame, háblame Diego, dime, dime que pasa' (tomándolo por su camisa blanca con sus manos ensangrentadas).
'Aún no sé Rodrigo, solo es un presentimiento'
'¿Crees que él es el responsable de esto? Si es así, él fue enviado por papá. No, no puedo creer que el llegue a eso' Rodrigo sigue confundido y desconsolado.
'Cálmate ya hermano, tranquilo'

En ese momento le llega Lai a la mente y piensa que ella podría correr la misma suerte, no estaba seguro porqué aún, solo era un presentimiento.

Diego llama a Lai por teléfono…¿Lai, dónde estás? Con voz de preocupación. 'En casa, que pasa? Te oigo asustado?
'Algo terrible a pasado, escúchame bien, sal inmediatamente de tu casa, ve al lugar donde almorzamos la primera vez que nos conocimos, te acuerdas? 'Si, ¿pero que pasa? Con insistencia le pregunta.
'Solo haz lo que te digo, rápido, no hables con nadie, no le abras la puerta a nadie ni le recibas llamadas telefónicas a nadie, ¿entendiste?
'Si, si, pero dime ¿que pasa? (Diego se niega a darle ninguna información por teléfono por miedo a poner su vida en peligro)
'Te paso a recoger en 10 minutos'(cierra el teléfono)
'Rodrigo, llamé a la policía, te dejaré aquí, voy a buscar a Lai, me temo que le puedan hacer un daño, la enviaré a algún lugar seguro y vengo por ti, entiendes?
'Si Diego, ve no tardes' (Sale Diego despavorido, rápidamente en busca de Lai, temía que no llegaría a tiempo)

Sale Diego con Takeshi a buscar a Lai la cual se encontraba esperando en el lugar que le había indicado Diego.

Llegan al lugar acordado y ahí estaba Lai esperando, 'Gracias a Dios estás bien, ven vamos rapido'(Ya en la limosina con Lai) ¿Puedes explicarme que pasa? (Asustada viendo su camisa ensangrentada) Diego, Diego que te paso?? Es eso sangre? Estas herido??

Diego le explica todo mientras conducían hacia el departamento de Kiko.

VII

El Sr. Nakamura y sus hombres los cuales mantenían una constante vigilancia, se habían percatado de todo lo acontecido, Lai no estaba en peligro, no era a ella a quien querían.

El Sr. Nakamura (En japonés habla a sus hombres) 'Vamos, ya saben que hacer' todos los hombres inmediatamente se ponen en movimiento.

Don Pedro había dado órdenes específicas que el trabajo se hiciera limpio siempre protegiendo ante todo su persona y todo lo que pudiese relacionar estos acontecimientos con el consorcio, no podía quedar ningún rastro.

José conducía cerca de un gran mercado cuando es ordenado a detenerse por un policía....

El policía hace una señal al vehículo que se acerca a que se pare al lado de la calle (En japonés) 'Buenos días señor, permítame su licencia y registración' José hacia señales con las manos que no entiende el idioma. El policía le señala que salga del vehículo.

'Ok' procede a salir del vehículo, de pronto una van se acerca y abre la puerta del lado, el Sr. Nakamura sale de la van y se dirige directamente a José 'Sr. José, suba, Don Pedro me envía a darle la bienvenida al Japón' sonríe mientras le señala cortésmente que suba a la van.

(El policía resultó ser uno de los hombres del Sr. Nakamura y se lleva el auto de José).

La van es conducida a un almacén...Sacan a José con los ojos vendados y lo amarran a una silla.

Sr. Nakamura camina lentamente en el gran almacén, solo se escucha el sonido de sus pasos 'Hola Sr. José, le gusta nuestro país?' (Sr. Nakamura le señala a uno de sus hombre con un gesto que le remueva la mordaza).

'No sé quienes serán, pero les advierto que no saben con quien se meten' mientras José forcejea tratando de liberarse de sus ataduras.

'Si lo sabemos Sr. José, sabemos muchas cosas. Incluso sabemos lo que usted le hizo a esa pobre chica japonesa'. José les da una mala mirada 'No sé de qué me hablan, suéltenme idiotas' (José sigue forcejeando).

El Sr. Nakamura lo abofetea 'Cállese Sr. José, no insulte mi inteligencia'
'Cuando mi jefe se entere le mandará a cortar las bolas'
'Jajajaja (Nakamura y todos los hombres ríen) mi querido Sr. José, a quien le cortaron las bolas fue a su jefe, ja,ja,ja (todos vuelven a reír) Solo falta una cosa por hacer....cortárselas a usted mi querido amigo, ja,ja,ja,ja'

Los hombres de Nakamura, después de golpear a José a puros puñetazos proceden a desnudarlo (sabían que aquel fornido hombre no lo podrían dominar tan fácilmente) . José es arrastrado hacia una habitación fría.
'Me las pagarán malditos come gusanos'. (José balbuceaba con las pocas fuerzas que le quedaban).

Sus oídos aun funcionaban bien, José oye cuando una máquina es encendida, ese sonido le dio más escalofríos que el mismo frío de aquella habitación.
'Sr. José', le dice Nakamura, 'me hubiera gustado conocerlo mas a fondo, me gusta su estilo, pero negocios son negocios, espero que entienda, no es nada personal amigo' (haciendo una señal con su cabeza a sus hombres a que procedan). **'Espero le guste el mar amigo'**
'Maldito, mono desgraciadoooo' grita José mientras era arrastrado por el piso sangriento y sin fuerzas.

Los hombres de Nakamura introducían carne de cerdo y res a una enorme máquina de moler carne y luego José.........fue introducido………vivo! Su muerte fue casi instantánea pues aquella máquina lo absorbió tan rápidamente que no pudo ni gritar de dolor. Su cuerpo, ya molido fue ligado con la carne de res y cerdo, una y otra vez, luego puesta en bolsas que decían: "Contaminada". Las bolsas fueron llevadas hasta alta mar lo que fue un gran festín para un cardumen de peces que pasaban junto al barco. Sus ropas y documentos incinerados, aunque estos tenían poco valor ya que José entró al Japón con nombre falso. De José, no quedó ningún rastro.

Sin duda, un momento triste para Satanás, pues uno de sus hombres favoritos, ese gran soldado que había hecho su trabajo tan bien lo habían sacado de circulación……pero como no hay mal que por bien no venga, este evento sirvió de entrenamiento para otros nuevos reclutas soldados que servirían a Satanás en el futuro.

Satanás y sus demonios, saludan al soldado caído. Con honores es recibido!

VIII

24 horas después....6:00 pm

Diego, que junto a Rodrigo y la familia de Kiko planificaban sus funerales cuando suena su teléfono celular

'Aló' Diego contesta su teléfono. 'Diego, mi hijo'. 'Mamá, tu llamándome?, ¿que pasa?' Doña Dolores lloraba desconsoladamente'Ay mi hijo, no se ni como decirte, esto es tan duro, tu padre a muerto!

Diego siente que las rodillas le fallaban '¿Como? ¿Qué dices mamá? No, no te puedo creer. ¿Pero cómo?' Le habla con voz casi nerviosa. 'Su corazón, yo sabía que esas rabietas lo matarían'. (Llorando mucho) 'Necesito que tu y Rodrigo estén conmigo, no puedo con esto yo sola'.

Diego trata de componerse, debe ser fuerte para su madre y Rodrigo que aun no se recupera de la muerte de Kiko. Trata de consolarla, 'No puedo creer que todo esto esté pasando. No te preocupes mamá, saldremos lo antes posible, aquí también pasó algo terrible, imagínate que asesinaron a la novia de Rodrigo' Doña Dolores da un gran suspiro de sorpresa 'Ay Dios mío, no me digas una cosa así. Dile a Rodrigo que lo siento mucho, Dios mío no lo puedo creer, pero dile que hablamos cuando ustedes estén aquí, estoy muy mal ahora'. Doña Dolores nunca había estado sola, siempre tuvo a Don Agustin a su lado resolviendo cada necesidad, ahora sin Agustin, los negocios fuera de su control, los hijos de Rodrigo, sin sus hijos…se sentía totalmente perdida.

Diego sigue tratando de consolarla 'No te preocupes mamá, yo me encargo, te llamo cuando llegue a Santo Domingo' Despacio cierra el teléfono.

Diego llama a Rodrigo que se encontraba en otra habitación. Este seria otro momento muy duro para Diego. 'Rodrigo, salgamos al jardín, quiero hablar contigo'. ' Ahora que?Que pasa? Responde con una mirada triste.

Salen caminando lentamente al hermoso jardín japonés del centro funerario.

'Dime que pasa Diego? ¿Qué pasa ahora? por favor, si son malas noticias, déjalas para después. 'Mi hermano, lo siento, sí son malas noticias…. Papá ha muerto' (le da un abrazo).

'¿Muerto?' (sentándose Rodrigo lentamente en un banquillo). 'Mamá me acaba de llamar y está sola y nos necesita, tenemos que irnos mañana, lo siento Rodrigo, se que estas en medio de los funerales de Kiko pero tenemos que irnos, mamá nos necesita, no hay nadie defendiendo lo nuestro'.

'Papá muerto? no lo puedo creer', balbucea Rodrigo (quedan los dos hermanos como pensativos sin mucho que decir, en realidad, no sentían mucha pena pues aquel hombre había sido el causante de la infelicidad en sus vidas, ningún hijo puede alegrarse de la muerte de su padre, pero si duda, sería un alivio en sus vidas).

'¿Qué va a pasar ahora Diego?' 'No sé, veremos como están las cosas cuando lleguemos allá'

Ya con los arreglos funerales preparados, el cuerpo de Kiko y su bebé recién engendrado, fríos e inertes permanecerían por tiempo indefinido en la morgue esperando la conclusión de las investigaciones de la policía, no había nada que Rodrigo pudiera hacer.

Día siguiente.....

Camino al aeropuerto, ambos hermanos sin decir palabra y sus ojos perdidos en el espacio se sumían en sus propios pensamientos, la radio ....encendida... Takeshi escucha muy atentamente y sube el volumen de la radio la cual brindaba las últimas noticias en japonés, los hermanos salen del trance... 'Takeshi, que pasa? Pregunta Diego. 'Algo increíble, los americanos siendo derrotados en Irán y Corea del Norte (Guerra provocada por los Estados Unidos al negarse estos países a discontinuar las construcciones de cohetes nucleares)

¿Qué? ¿Cómo pasó? (Escuchan con atención)

'Dicen que continúan batallas, pero soldados americanos se ven corriendo asustados por calles huyendo pues todo el país se ha rebelado contra la intervención americana y todos los demás países musulmanes se han unido a la lucha.'

Rodrigo mueve su cabeza en señal de aprobación 'Se lo merecían, los gringos creen que pueden meterse e invadir a cualquiera' '¿Qué sabes tú de política Rodrigo? Le reprocha Diego. 'No se de política Diego pero se el daño irreparable que provocó la bomba en Hiroshima y Nagasaki, tanto a la tierra como a las personas.'

'Mis bisabuelos murieron en Hiroshima' (los ve por el espejo retrovisor).

Arriban al aeropuerto y los hermanos Vega abordan el avión que los llevaría de regreso a casa. Rodrigo regresa a casa sin consuelo, había perdido al amor de su vida y a ahora su padre.

Aún no podía explicarse porqué alguien quisiera hacerle daño a Kiko, tuvo que ser una persona conocida pues no fueron forzadas las puertas y todo estaba en orden, pero quién? Sin embargo, Diego ataba cada vez más algunos cabos sueltos en su cabeza, el hecho de estar casi seguro de haber visto a José y luego nadie saber donde se encontraba en Santo Domingo le fue creando mas dudas, pero no quería mortificar a Rodrigo mas de lo debido.

Al hacer escala en California escuchan las noticias que los americanos contraatacaron en Iran con todo lo que tenían, provocando mas de 10 mil bajas a la guardia republicana iraní en un solo día usando sus drones a precisión sin sacrificar un solo hombre, lo que provocó una indignación mas fuerte en todas las naciones musulmanes además de China y Rusia que se sumaban a la protesta en la forma tan violenta y desmedida que Estados Unidos había respondido a su eventual derrota. 'Mira Diego, mira la TV' (se veían imágenes horripilantes de soldados norteamericanos combatiendo y matando personas en Iran entre las que se encontraban mujeres y menores de edad en su afán desesperado de revertir la guerra a su favor. Los americanos justificaban que eran combatientes armados. Diego pasa sus manos por la cabeza en preocupación ¿Dios mío, qué es lo que está pasando en el mundo? ¿Hasta donde piensa llevar esto?

Los hermanos se quedan hipnotizados viendo las imágenes y últimos acontecimientos ya que su avión que los llevaría a la costa este de los Estados Unidos estaba retrasado.

Los jinetes esperaban ansiosamente.... estaban ya desesperados por cabalgar, hacer realidad sus anhelados sueños, habían esperado tanto tiempo por este momento y sus caballos estaban fuertes, vigorosos, y tan ansiosos de cabalgar como sus amos.

Este conflicto abrió de par en par las puertas de los establos que guarecían estos caballos y, viento en cara se abrieron paso por el mundo, a lo lejos se oían sus gritos de guerra, a paso firme, avanzaron...... Los cuatro Jinetes del Apocalipsis.

IX

En Santo Domingo las cosas no iban mejor, los haitianos, una amenaza constante a la soberanía de la República Dominicana, se introducían sigilosamente más y más al territorio dominicano alcanzando su cifra en los casi 2 millones añadiendo las constantes protestas y peticiones del presidente haitiano para que los Estados Unidos y La Unión Europea presione al gobierno dominicano a abrir sus fronteras pues su pueblo moría de hambre.

Para Don Pedro era una gran preocupación pues los haitianos se introducían en los centros turístico tratando de vender sus ajuares y a molestar a los turistas, por lo cual él presionaba al Ministerio de Turismo para que tomase cartas en el asunto, pero había un problemas más serio aún que debía resolverse, los hermanos Vega regresaban a Santo Domingo y seguro reclamarían lo que por derecho les correspondía, pero Don Pedro no estaba dispuesto a ceder…….NADA!!.

Don Pedro recibe una llamada….

Es Nakamura, 'Señor, su pedido ha sido cumplido al pie de la letra'. Don Pedro exclama con satisfacción y alegría, 'Perfecto, y lo demás?'

'No tuvimos tiempo, se fueron del país antes de lo esperado'. 'No te preocupes Nakamura, yo tengo ya todo arreglado, buen trabajo. La transferencia estará en su cuenta en las próximas horas, excelente trabajo!'. 'Gusto servirle señor, Sayonara' (se despide Nakamura).

Todos los vuelos en los Estados Unidos habían sido cancelados por temor a actos terroristas producto de la guerra en medio oriente, el temor a estos actos horrendos no se habían sentido tan fuerte desde el derrumbe de las Torres Gemelas en New York, los hermanos Vega ya tenían 3 días esperando un vuelo que los llevaría a Miami, Florida y eventualmente a La República Dominicana. Mientras esperaban no les costaba mas que ver las noticias y ver los actos terroristas que como el sarampión aparecían por todo el continente americano. Dada la gravedad de la situación y no saber cuando podrían regresar los hermanos, Don Agustín tuvo que ser enterrado sin la presencia de Diego y Rodrigo.

Israel, como Estado aliado de los Estados Unidos sufría los golpes mas fuertes producto del terrorismo, la gente atemorizada buscaba donde ocultarse pues los ataques no cesaban día y noche. Los Estados Unidos ya no eran temidos, solo Jordania se mantenía neutral. Esta coalición era respaldada a escondidas por Rusia y China que cansados ya de la actitud arrogante y prepotente de los norteamericanos suplían armamentos y equipos a los países musulmanes. Se había tomado una decisión….había que controlar a la Bestia Yankee.

Mientras se desarrollaban esos terribles acontecimientos en Medio Oriente hubo un pequeño respiro en los Estados Unidos y se reanudaron varios vuelos, los hermanos logran llegar hasta Miami, Florida y un avión privado los llevaría a la República Dominicana.

En el Aeropuerto Internacional en Santo Domingo, Rep. Dominicana…
7 días después 7:00 p.m.

'Rodrigo, no puedo creer que estemos en casa' dice Diego con gran entusiasmo de ver su país de nuevo. 'Mi hermano, (Rodrigo también respira con alivio) yo pensé que nunca volveríamos, y mas de los acontecimientos de esta mañana'.
'¿Qué pasó? Con tantas malas noticias ya no quise oír mas noticias'.
(Rodrigo le explica) 'Hubo una lluvia de meteoritos, un terremoto en California que provocaron varios Tsunamis en Asia y la costa oeste de los Estados Unidos. Apenas nos salvamos de eso'. (Diego muy sorprendido) '¿Lluvia de meteoritos? ¿Seguro? ¿Cayeron algunos?'
'Si, en el Océano Pacífico lo que provocó los Tsunamis desde California hasta Japón, al parecer fueron varios que cayeron. De las cosas mas triste es la matanza en la lucha por la toma de las fortificaciones americanas por los terroristas en Irak, a los judíos los están masacrando. Ya los Estados Unidos no los pueden ayudar y se cree que más de 200 mil soldados musulmanes de todos los países están por entrar a Irak por todos los flancos, de esa forma creando un frente tan fuerte que los Estados Unidos tendrían que retirarse de Iran y Corea del Norte. Diego lo mira con asombro 'No lo creo, debe de haber una confusión'
'Rodrigo, estoy muy preocupado por Steve, no has sabido de él?' (Amigo de los hermanos Vega, e integrante de las fuerzas especiales norteamericanas, luchando en Iran e Irak).
'Diego, tu crees que Steve esté vivo?. 'Eso espero. Hermano, es hora de recurrir a fuerza mayor, siento que esta guerra nos destruirá a todos.'De acuerdo, llamaré al Pastor, además quiero hacer un servicio en honor a Kiko'.

En Irak, en ese momento Steve y sus hombres huyen de los Iraquíes, luchando de manera heroica para poder contener en lo posible a las fuerzas enemigas. Todo hombre corre por su vida, Irak se ha casi perdido y los atrapados en el conflicto tratan de llegar a Afganistán por todos los medios posibles. Ya los Estados Unidos casi habían perdido la capacidad de suplir a sus fuerzas en territorio de Irak y trataba de reagrupar lo que restaba de su fuerza con las demás en Afganistán, eran atacados por todos los frentes.

15 días después....

Diego descansaba en su finca, había decidido tomar unos días para poder mantener bajo toque de queda a los demonios que empezaban a rebelarse pues su madre estaba inconsolable por la muerte de Don Agustín, pero a la vez demandaba a Diego que se integrara a las labores pues Don Pedro estaba a cargo y ella no tenía noticias ni conocimiento de como se estaban manejando las finanzas de las empresas.

Lorena no había acompañado a Diego a su efímero retiro pues ella ya tenía lo que siempre soñó, se proyectaba ya como la futura Presidente del Consorcio pues los años que le quedaban a Don Pedro no eran muchos.

Elizabeth, su ex-amante le daba una desgraciada noticia...habían retirado sin el habitual procedimiento 20 millones de dólares de las cuentas del Consorcio.

La situación dominico-haitiana se deterioraba rápidamente....

Diego llama a Don Pedro por teléfono.. 'Don Pedro, necesito hablar con usted, me he enterado que graves cosas están sucediendo'

'Mira Diego, aquí no tienes que estar llamando a hacer reclamaciones, si quieres saber algo, espera que nos reunamos en la directiva'. Diego se sorprende de tan descabellada respuesta '¿Cómo se atreve? Quién se ha creído usted que es para decirme que no puedo preguntar por lo mío y lo de mi familia, por lo que me pertenece?'

Don Pedro no puede resistir la alegría, había esperado este momento hacia años, el momento de poderle hablar como le diera en gana sin medir repercusiones de nadie, su momento de triunfo ha llegado, con una gran risa le responde '¿qué dices? ¿Pertenece? Solo eres un accionista minoritario aquí. No tengo tiempo para ti ni tus reclamos, habla con el Dr. Torres si quieres saber algo' (le cierra el teléfono abruptamente).

Diego se queda viendo el teléfono, 'Y este come mierda que se ha creído que es?' Diego rápidamente se comunica con el abogado del Consorcio.

'¿Dr. Torres? Qué diablos está pasando aquí?'

Dr. Torres (Con la paciencia y calma que caracteriza a los abogados) le responde: 'Mire Lic. Diego, después de la muerte de Don Agustín, Don Pedro tomó por derecho la presidencia del consorcio y el derecho a ser accionista mayoritario'. A Diego casi se le para la respiración ¿pero que estupideces me dice? Diego estaba furioso, los genes heredados de su padre saltaban por todo su cuerpo.

Sentía como el demonio del la rabia se levantaba de su asiento pero solo a comprar golosinas, pop-corn y refrescos para deleitarse de la situación que se avecinaba.

El Dr. Torres le explica..'Licenciado, me sorprende que habiendo sido presidente del consocio no supiera de estas regulaciones que no son nuevas, los protocolos indica que si el presidente moría ejerciendo sus funciones, el vicepresidente asumiría automáticamente la presidencia y tendría el derecho de comprar acciones y así se hizo, Don Pedro compró mas acciones y ahora es el socio mayoritario ya que las acciones de la Familia Vega fueron divididas en 5 partes iguales, pero de forma individual. ¿5 partes? ...Como que 5 partes individuales? 'Si, fue deseo de Don Agustín que se les dé parte igual a sus dos nietos aparte de las que les pertenecen a Doña Dolores, Rodrigo y a ti'.

'Hijos de puta, nos han clavado el cuchillo, mal agradecidos' Diego aun no puede creer lo que está escuchando.

'También le informo que como accionista minoritario que es, tiene voz pero no voto en la directiva, según los últimos reglamentos establecidos por el nuevo presidente. Pero no se preocupe, aún le quedan más de 60 millones de dólares sólo en su cuenta personal más las acciones'. Sin duda alguna a Diego, el dinero no le podía comprar la felicidad!

'A propósito de dinero, (Pregunta Diego) que ha pasado con 20 millones de dólares que fueron retirados de una de las cuentas de los hoteles sin una clara justificación'.

'Ah!....Si...fueron retirados por concepto de seguridad' (Al Dr. Torres le sorprendió que Diego tuviera conocimiento de ese desembolso).

'¿Seguridad? ¿Qué seguridad? ¿20 millones de dólares para seguridad? Eso es mucho dinero para seguridad! Le reclama fuertemente.

'Bueno....fíjese...(trata de buscar las palabras para justificar esta evidente estafa) en su ausencia, la situación con los haitianos se ha vuelto intolerable, los ingresos han bajado mas del 30% por el asedio que tiene los haitianos a los turistas además de la delincuencia y nos hemos visto a contratar mas de 100 guardianes adicionales y pagar a los policías para que nos brinden un mayor patrullaje e instalar equipos de seguridad.

Diego no era estúpido y podía ver que más de la mitad de aquel dinero había parado en los bolsillos de Don Pedro y su "equipo" de trabajo. Sabía que estaba siendo claramente estafado por Don Pedro.

Diego le tiene otra pregunta interesante que el Dr. Torres no esperaba '¿A propósito y José donde está?'

El flamboyante abogado pausa unos segundos antes de responder, no podía comprometer o decir nada que pudiese hacer pensar a Diego que él o Don Pedro tenían conocimiento de su paradero 'Está desaparecido hace varias semanas, nadie sabe de él, creo que su familia lo ha reportado como desaparecido, la policía estuvo por aquí, pero nadie sabe nada'

'Si sabe algo me deja saber, de lo otro hablaremos después, voy a consultar mis abogados en New York, ellos lo contactarán' Diego, muy inteligentemente solo le deja saber "su preocupación" por José pero sin darle ninguna otra información, es solo para ponerlo nervioso.

'Aquí estaré si tiene mas preguntas' (terminan la llama). El Dr. Torres inmediatamente levanta el teléfono y le informa a Don Pedro sobre esa llamada tan preocupante.

Diego se reúne con su madre y Rodrigo, les informa de la situación, definitivamente habían sido estafados y legalmente nada podían hacer, además Don Pedro ya tenía muy endulzados los bolsillos de las autoridades en caso que los Vega llevaran esto a lo legal.

Los demonios del coraje y la frustración reían a carcajadas con aquella película que les deleitaba tanto y continuaban invitando a otros demonios a compartir con ellos.....pero ya quedaban pocos asientos sin ocupar!

13 días después…

Frustrados, los hermanos Vega deciden salir a tomar un trago en su lugar favorito. (Mientras conducen) 'Diego, tengo deseos de una cerveza Presidente bien fría'. A Diego se le hace la boca agua 'Igual, vamos al Steak House'

'Perfecto! Ahí pensamos lo que vamos hacer, esta situación me va a volver loco Diego, la verdad no se que vamos a hacer'.

Luis, el chofer de Diego los deja frente a la puerta del restaurant, va y parquea el lujoso automóvil.

Ya sentados en el bar…

Rodrigo llama por su celular al chofer 'Luís, ven entra y tráeme mi billetera' 'Si señor, en un momento se la llevo.' Luis, después de haber asesinado a Don Agustín seguía ejerciendo sus funciones normales para no levantar ninguna sospecha, aún esperaba su pago por el trabajo.

Diego mira atentamente uno de los televisores 'Mira Rodrigo como se arrepienten ahora'. Rodrigo mira hacia la TV ¿Arrepienten? Quienes?

Sin nadie pedirle su opinión, el bartender interviene en la conversación 'Los judíos capturados en medio oriente, lo están pasando desde anoche, ahora salen algunos que disque son musulmanes. (Las naciones musulmanas dieron garantía de respetar la vida a los que se conviertan al islam)

¿Judíos convirtiéndose a musulmanes? ¿No me acuerdo haber oído eso? Rodrigo duda de esa información, aparte que le irrita la interferencia del bartender en su conversación con Diego.

'Es raro, pero son muchos, creo que lo hacen para no ser asesinados o buscar como escapar, la historia del holocausto aun se mantiene vivo entre ellos'.

'¿Y son muchos los "arrepentidos"? Le vuelve a preguntar Rodrigo pero ya en forma mas burlona.

'Dicen las noticias que son miles y piden ayuda para salvar a Jerusalén, no se que tanto cuidan esa vieja ciudad'

Esta vez Diego interviene ¿Usted no sabe mucho de historia, verdad mi amigo?

'Bueno mi don, no se mucho, pero veo que ellos saben menos, porque ven el lío en que se estaban metiendo y no salieron de ahí a tiempo'

Diego y Rodrigo se miran uno a otro sin decir palabra pero conscientes que intercambiaban palabras con una persona que totalmente desconocía de historia

'Amigo, (le dice Rodrigo) mejor dame otra cerveza Presidente pero vestida de novia (bien fría).

Diego queda un poco pensativo y la vez vez preocupado....

¿Miles de judíos siendo asesinados? (se preguntaba a si mismo).

'Ven acá Rodrigo, no dice la Biblia que serian miles los que serían salvados al final de los tiempos o algo así?

'Pensándolo bien, sí.... el pastor habló algo de eso la semana pasada, pero que tu piensas, que estamos al final de los tiempos? No pienses disparates, son puras coincidencias'

Diego le habla mas seriamente 'Pero piénsalo bien, todo lo que ha estado pasando y......'

'Y nada Diego, no hablemos de esas cosas, ya tenemos suficientes problemas para que nos caiga el fin del mundo ahora (ríe). Y créeme, no quiero estar vivo cuando ese tiempo llegue porque lo que dice la Biblia que va a pasar....ufff, pobrecito de los que estén vivos en ese tiempo. La gente está diciendo hace mas de 2 mil años que el fin se acerca y mira, nada. Ese "pronto" de Dios o Jesus que se yo, es 10 mil años para nosotros, ni pienses en eso.

'Si es cierto'(Toma su vaso de cerveza, bebe un trago pero continúa pensativo)

Entra Luís con la billetera de Rodrigo…
Rodrigo levanta la mano para llamar su atención 'Luís… aquí estamos'
'Algo más señor? (mientras le entrega la billetera) 'No, puedes irte'
Diego se para de su silla 'Voy al baño'
'Lo acompaño, tengo que ir también' le dice Luis mientras lo sigue

Mientras se dirigen al baño…ambos se detienen de repente…. 'No!, no puede ser' exclama Diego.¿Don Diego, no es esa su …..Esposa?
  Luis no puede decidir hacia donde fijar la mirada ya que su cabeza se mueve de un lado para otro, viendo la cara de sorpresa de Diego y la escena que se presentaba frente a ellos.
'Si Luís….. es ella, esa desgraciada'
  Lorena ignoraba que el Steak House era el lugar preferido y mas frecuentado por Diego y allí se encontraba acaramelada con otro hombre y de una forma tal que no notó la presencia de Diego.

  No solo Lorena se besaba en público….en el teatro de Diego los demonios del engaño y la infidelidad se besaban con pasión, se abrazaban, se miraban a los ojos, con sus largas y sucias uñas se acariciaban el pelo mal oliente, compartían como si fuese Pop Corn el corazón destruido de Diego. Los enamorados suspiraban viendo esa dramática película.

  Luís, al ver que Diego estaba como en trance le da un pequeño empuje para que caminara 'Señor, vamos al baño'
¿Dios, Dios, Dios, es que no me han sucedido ya bastante cosas malas? Diego entra al baño agarrándose la cabeza, se detiene frente al espejo cabizbajo.
'Señor…señor… yo creo que puedo ayudarlo'.¿Tú Luis? ¿Y como tu me puedes ayudar con este problema? 'Soy un experto en este tipo de problemas señor'(Luís no le importaba quien le pagara o a quien debía matar, solo le interesaba el dinero y su muy deseada visa norteamericana).
'Háblame claro' le dice sin levantar la cabeza. 'Dinero en dólares y una visa!'
'Me hablas de ….' Sin mover su posición, Diego solo levanta la cabeza para verle la cara a Luis. 'Ssshhh… (mira de un lado para el otro) estoy a sus órdenes si me necesita, solo eso le puedo decir'
'Pero es que…..' Diego no sabe que decir. Aunque había heredado algunas rabietas de su padre y las malas acciones de la gente le hacia desconfiar cada día mas, dentro de si, era una buena persona, en verdad, tenía buen corazón, era sano, limpio.
'Mire señor Diego, yo le digo algo, usted no puede permitir que se le humille de esa forma, ni ella, ni lo que le ha hecho el papá de esa señora, es tiempo que se

ponga los pantalones y me perdona si lo ofendo, pero es la verdad, pues ya todos hablan que usted y su hermano son dos mariquitas que se dejaron joder de la Familia Vincini'.

'A ese viejo de la mierda… mmm, pagaría lo que fuera (lo dice en forma muy enojada y sin pensar, quizás un careta frente a Luis para no parecer débil)

'Mire licenciado, a ese señor…….se lo hago de favor, conmigo tiene él una deuda grande' (se refería al trabajo hecho a Don Agustín pero Don Pedro no le había pagado lo prometido ni le había obtenido su visado)

Luís era un ruin, pues no le importaba que estaba hablando con el hijo del hombre que el había asesinado, solo pensaba en dinero

'No soy un asesino, usted resuelva su problema por otro lado, a mi no me meta en eso' le arremete Diego. 'No se preocupe, no hablemos de eso ahora yo lo voy a ayudar, tranquilo jefe'

'De mi "querida" esposa me encargo yo.

Salen del baño…

'¿Diego….todo bien? Te veo pálido' le pregunta Rodrigo.

'Mira para esa esquina… (señalando hacia el lado donde se encontraba Lorena)

'¡Mieeeerda Diego!'

Diego, sin volverse a sentar se bebe la cerveza que quedaba en el vaso de un solo trago 'Vámonos'

Mientras conducían, Rodrigo intentaba oír las noticias en el televisor del automóvil, pero no había señal alguna, intenta la radio y solo las locales estaban activas y anunciaban que todo el sistema de satélite había sido saboteado por los musulmanes logrando implantar un virus que invadiría a todas las redes de Internet. El mundo estaba en silencio!

Media hora después…

Noticias en la radio: Radio Noticias informa: Un virus a afectado las comunicaciones a nivel mundial, se sospecha que es el último atentado terrorista perpetrado por las naciones musulmanes en contra de los Estados Unidos pero obviamente a afectado a todo el planeta. Empiezan a llegar reportes que los meteoritos caídos en el Océano Pacífico siguen provocando estragos, se reportan grandes terremotos, derrumbes y avalanchas, los expertos dicen que esto puede ser la causa de la erupción de varios volcanes en Centro América y las Islas Polinesias, la destrucción es alarmante provocando la muerte de miles de personas y millones de animales marinos. Las sitúa….(se corta la comunicación). Rodrigo manipula la radio pero no había señal alguna.

Luís ríe irónicamente y mira a los hermanos Vega sentados en el asiento trasero de su auto. 'Arrepiéntanse que se está acabando el mundo'.

'Usted lo dice de chiste pero parece que sí.' Rodrigo se siente medio asustado.
'No jueguen con eso que no creo que estemos preparados para eso todavía' agrega Diego pues el chiste de Luis no le causa risa.
Luis, como todos los ignorantes que no entienden el porqué de las cosas da su "experta opinión" 'Yo de verdad no creo en esos disparates, son cosas que pasan y ya'
'Cállese Luis y conduzca. Eso es serio'. Diego era bueno de corazón pero no tenia paciencia para personas imprudentes e ignorantes.
'Ah mira Diego, propósito de serio, me llamó el General Soto quiere vernos mañana'. ¿Qué querrá mi padrino?
'No sé, me dijo que era importante.' 'OK, pasaremos por su oficina mañana (en realidad la cabeza de Diego daba vueltas y vueltas pensando en lo que había visto, lo ya sospechado hace tiempo, Lorena tenía un amante)

Dos demonios se levantan de sus asientos, no para retirarse y hacer la vida de Diego mas placentera, se retiran solo para cruzar la calle y pagar por un motel barato donde en una cama de espinas e inmundicia los demonios del adulterio y el engaño fornican como dos homosexuales promiscuos que sin importarle sus aberraciones se revuelcan y retozan sobre la dignidad de este hombre.

Aun conducían....

¿Lo llevo a su residencia primero señor Diego?
'Diego, quédate en mi casas esta noche, es mejor que no confrontes a Lorena hoy con la sangre caliente' Rodrigo se siente muy preocupado por la estabilidad mental de Diego, los golpes habían sido demasiados, además el mismo necesita compañía, la muerte violenta de Kiko y su hijo le habían arrebatado la alegría recién encontrada.
'Es cierto. A la residencia de Rodrigo. ¿Tienes cerveza Presidente fría?'
'Si, haremos una carne a la parrilla esta noche. Celebremos!
'¿Celebrar? ¿Qué hay que celebrar?' le pregunta Diego curioso.
'Que Dios te hizo ver con tus propios ojos el enemigo con el cual dormías. Tómalo del lado bueno, saliste de ese demonio' (en ese momento llegan a su residencia)
'Es verdad Rodrigo, a celebrar!!'

X

Amanece, el día está claro, fresco, soleado...hermoso! Los hermanos se dirigen a las oficinas del General Soto ya mas animados, sin volver a tocar el tema de Lorena ni las tragedias ocurridas alrededor del mundo. Sin duda alguna, mientras las horas van pasando, las heridas van cerrando.

Llegan a su destino, Luis les abre la puerta y aprovecha la oportunidad para dirigir unas palabras a Diego...

'Señor Diego...' 'Dígame rápido Luís, voy apurado'

'Acuérdese lo que le dije ayer, estoy en disposición de ayudarlo'

Diego solo lo mira..... No dice nada y se dirige a las oficinas del General Soto acompañado de Rodrigo.

General Soto sale a recibirlos: 'Hola muchachos!' (fuerte y brusco abrazo)

'Vengan, entren y tomen asiento'.

Diego le da un abrazo fuerte 'La bendición padrino, hace tiempo no lo veía'

'Dios me los bendiga'.

Rodrigo le estrecha la mano ¿Como le va general? El General le agarra la mano y lo abalanza hacia el y le da un fuerte abrazo 'Que general ni general mi hijo, mi muchachito consentido, jajaja' (El General había visto crecer estos muchachos, les había ingresado a la milicia en contra de la voluntad de Doña Dolores).

'Muchachos, todo bien y Doña Dolores, cómo sigue?

'Recuperándose poco a poco padrino, se siente perdida' le dice Diego.

'Coño, ese pai de ustedes era un hombre de buenos cojones, de la vieja guardia, pero nada así es la vida. ¿Quieren café? (Va caminando alrededor de su largo escritorio lleno de documentos, se sienta y se recuesta en su ancha silla de leader)

'Si gracias padrino'

Con voz fuerte, definitivamente militar 'Sargento! Tráigale café a los señores, paso doble' (pudo haber llamado por el interlocutor pero a los guardias les gusta oír sus propias voces dando ordenes)

'Dígame padrino, ¿para que nos quería ver con urgencia?'

'Miren...(se endereza y pone los codos en el escritorio) ustedes más que nadie saben lo difícil y tensa que está la situación con Haití, supe que sus hoteles estaban gastando millones en seguridad para controlar a los haitianos y los vagos que molestan los turistas. La verdad es que si no se actúa con rapidez la situación en este país se va a deteriorar rápidamente y nos va a perjudicar a todos.

Lo que está pasando en sus hoteles solo es un pequeño reflejo de lo que está pasando en todo el país, esta crisis ha tocado cada negocio, cada hogar, toda la economía de este país'

Rodrigo oye con atención ¿Pero diga exactamente que pasa? 'Hay rumores que el Presidente de Haití, presionado por los militares y el pueblo declare frontera abierta, es decir que no harían nada al respecto para evitar la entrada de nacionales haitianos a territorio dominicano, el tiene tiempo solicitando apoyo a los Estados Unidos para que presione este gobierno para que se abra la frontera argumentando que se mueren de hambre lo cual es verdad pero ese es problema de ellos.

'OK, eso lo sé, ¿pero que tiene eso que ver con nosotros?'

El General busca entre varios papeles folders 'Me llegaron informaciones que los Estados Unidos reclutaron y está entrenando cerca de 25,000 soldados haitianos clandestinamente, ¿para qué propósito? Eso es lo que tenemos que averiguar! Ahí es que entran ustedes.'

Diego está intrigado ¿Pero cómo podemos ayudar?'

'¿A ustedes no los hice Coroneles? Bueno, van a usar sus rangos e influencias para averiguar eso para mí. Pero en calidad de enviados de buena voluntad para lograr un buen entendimiento entre los dos países.' Mientras les pasaba los folders con toda la documentación para su misión.

El General era su padrino, la familia es importante pero la patria va primero y los hermanos Vega eran un producto, un instrumento para alcanzar un objetivo.....Salvar la Patria!

Diego se ríe 'Si padrinos, pero solo somos alistados, no sabemos ni saludar bien' Rodrigo también ríe. 'Es verdad, por lo menos yo no me acuerdo ni como distinguir entre rangos' 'Vamos muchachos, los necesito, con la influencia que ustedes tienen con el empresariado en Haití y sus conexiones de negocios obtendrán alguna información, especialmente tu Diego. Además nuestro Presidente electo me dio la responsabilidad personalmente de hacer esa investigación. Les pido que estén bien alertas, saben que la situación mundial está muy difícil y es posible que tengamos limitaciones económicas si los Estados Unidos son oficialmente derrotados en Medio Oriente'

El General se inclina sobre su escritorio como queriendo acercarse a ellos y con un tono de voz mas bajo les confiesa......'Les diré un pequeño secreto.... extraoficialmente se nos está pidiendo que definamos nuestra posición frente a esa situación...con Estados Unidos o en contra de ellos. Estamos en una situación muy difícil pues si nos inclinamos hacia los Estados Unidos.....Medio Oriente nos corta el petróleo incluyendo el petróleo de Venezuela que es vital para nosotros, Rusia y China nos cortan los suministros y las exportaciones, pero si nos vamos con ellos, creo que nos invaden los gringos. Entienden?' 'Mieeeerda!, tu estas oyendo bien esto Diego?' Esta noticia le ha erizado a Rodrigo cada centímetro de su piel.

Diego mueve su cabeza en forma positiva 'Es delicado el asunto, ya lo veo claro'. 'Haití está en la misma posición, pero aparentemente ellos ya tomaron su decisión y eso es lo preocupante. Analicen esta situación, hagan contactos, confidencialmente vayan acumulando información al respecto y nos reuniremos mas adelante, yo los vuelvo a llamar.' El General se levanta de su silla, da por terminada la reunión y despide los hermanos.

XI

10 meses después....

La situación mundial no había mejorado, una plaga de proporción apocalíptica azotaba gran parte de los campos agrícolas de Norte, Centro y Sur América. Una gran hambruna aplastaba las masas musulmanas producto de la falta de importaciones y productividad por la Guerra Santa contra Estados Unidos e Israel. Para los líderes musulmanes ningún precio era lo suficientemente alto comparado a derrotar y humillar a la Bestia y destruir de una vez por todas a su eterno enemigo....Israel.

El Santo Papa ruega a los líderes musulmanes que paren la matanza y perdonen la vida a los judíos. Los seguidores de Alá no dejarán desperdiciar tan oportuna solicitud...

Los norteamericanos, técnicamente derrotados en Irak y totalmente acorralados en Afganistán aún se resistían a ceder y admitir la derrota, otro Vietnam, jamás sería permitido, seguirían luchando a toda costa. El Estado de Israel dependía de ello.

La Unión Europea, desprovista de los artículos esenciales producto del conflicto presionaba a los norteamericanos a retirarse y a Israel a devolver los territorios ocupados y evitar la extinción, pues los extremistas musulmanes habían amenazado con degollar a uno y cada uno de sus ciudadanos que sean encontrados en Tierra Santa al menos que devuelvan todos los territorios adquiridos después de la guerra de los 7 días en 1969 y públicamente renuncien al judaísmo.

Irán, Rusia, China y Corea del Norte públicamente suplían cuanto fuera necesario para derrotar a los norteamericanos además de un bloqueo comercial que estrangulaba la economía norteamericana intentando poner de rodillas la arrogancia y su complejo de superioridad.

El gobierno cubano, como viejo Lobo de la política internacional y archi-enemigo de los Estados Unidos no esperó ser invitado al baile, como maestro astuto tomó control de la orquesta y manipulaba este delicado baile a su conveniencia.

Los países enemigos de los Estados Unidos veían al Gobierno Indoblegable Cubano como el verdugo perfecto que tiraría de la cuerda que decapitaría La Bestia Yankee.

La República Dominicana había desplazado gran parte de su ejercito a la frontera con la República de Haití ya que el gobierno Haitiano había retirado todo su personal militar de la frontera alegando falta de recursos para mantener dicha fuerza declarándose incapaz de controlar las masas que deseaban cruzar la frontera en busca de mejor vida.

Don Pedro aún seguía oficialmente al mando del Consorcio pero por causa de un recién descubierto cáncer de pulmón en realidad Lorena manejaba las empresas. Los negocios habían caído en más de 40%. Varías de las empresas que componían el consorcio habían sido cerradas y otras, su personal cortado al 50%. En realidad....que sabía Lorena de negocios? Ella solo buscaba el glamour y dejaba que un grupo de economistas que solo les interesaba sus bonos, manejaran a su antojo las operaciones, ella tenía mas dinero del que podría gastar.

Diego, al estar apartado, legalmente atado y no poder recuperar el dominio de sus empresas, dedicó todas sus fuerzas a su nueva carrera militar.

En la Secretaría de Estado de las Fuerzas Armadas de República Dominicana....

'Hola ahijado, ¿que me tienes?' (El General se reúne con Diego)
'Está confirmado padrino, las noticias son malas, sin duda alguna se prepara una invasión a nuestro país.'
General Soto siente que se le detiene el corazón por un segundo '¿Cómo? ¿Cuando? ¿Por dónde?'. 'Bueno padrino, en realidad ya están aquí.'
'¿Aquí? No entiendo, explícame bien'
'Mis informantes me informan que de los 25 mil soldados haitianos en entrenamiento en Carolina del Norte, 10 mil serían enviados de vuelta a Haití con la cuál, en una operación centella ocuparían la parte oeste de la República Dominicana y todos los nacionales haitianos ilegales que ya se encuentran en le país empezarían a ocupar tierras ya sintiéndose protegidos por su propio ejercito y de esta forma se lograría un efecto dominó que daría pié a que se rebelen todos los haitianos que están en la República Dominicana que alcanzan casi dos millones.'
General Soto le pega un puñetazo al escritorio 'Ya me lo sospechaba, pero que pasa con los otros 15 mil soldados?'
'Agarrece padrino......Invadirán Cuba!'
El General lo mira un poco incrédulo, era difícil creer tan descabellada idea
'¿Cuba? ¿Y ese disparate?'

'No lo es padrino, pero tiene cara de parecer descabellada para tener ese mismo efecto, que nadie la crea para ellos mantener el efecto sorpresa. Esta información aún no es confirmada 100% pero dicen que Estados Unidos prometieron a los haitianos que si atacan al gobierno comunista cubano con la ayuda del gobierno americano, les sería cedida la mitad de la Isla de Cuba y los Estados Unidos ocuparían la otra mitad, por lo menos temporalmente pues después que los americanos tengan 100% control del territorio cubano, obligan a la Republic Dominicana a capitular, obligándolos a ceder y dividir la Isla de la Hispaniola por la misma mitad, luego los americanos ocupan todo el territorio cubano y los haitianos vuelven a la isla a ocupar su nuevo territorio.

El último reporte indica que solo el 10% del actual territorio haitiano es apto para vivir, ellos necesitan el espacio, además les sería dada la ciudadanía norteamericana a cada soldado que luche, su esposa e hijos. Además de todo el apoyo económico para establecerlos en su nuevo territorio. Con esas promesas todo el pueblo haitiano va a pelear!

Yo lo veo como que repiten la misma táctica que usaron para hacer rendir al Jefe indio Toro Sentado y los Apaches, muchas promesas lindas y al final los abandonan a su suerte'

El General escucha cada palabra detenidamente 'Pobre infelices ¡Es verdad que el que tiene hambre no puede ver mas allá del plato de comida que se le ofrece! Si los haitianos se embarcan en esa campaña serán exterminados, quizás creen ellos que los cubanos no los está esperando, ellos tienen mas de 60 años preparándose para esa invasión, quizás la única sorpresa que se llevarían es ver que los invasores van a ser todos negros hablando patuá.'

'No, si nosotros hacemos algo al respecto padrino'

'Pasaré la información al Sr. Presidente, a él que tome la decisión de qué hacer con esa información, esto va a tener repercusiones políticas de extrema proporción'.

Suena el celular de Diego que interrumpe la reunión....

Era Doña Dolores... 'Diego, mi hijo, donde has estado, hace más de 4 meses que no te veo'. 'Mamá, es que he estado muy ocupado, ahora no puedo hablar'

'¿Ocupado? Qué puede ser más importante que tu madre?'

'Mamá...

'Mamá nada, mira Diego, es que no piensas hacer nada para recuperar nuestras empresas, ¿para eso gastamos tanto dinero en tu educación para dejar que nos estafen? ¿Sabes que hace dos meses que no me depositan dinero en mi cuenta?

Si, desde que Lorena maneja todo no recibo dinero, no convocan a reuniones de la directiva y no sé nada de las empresas solo que pierden mucho dinero'

'Lo sé mamá, estoy muy preocupado también, pero ya Lorena ni me contesta las llamadas, sabes que ya no voy a la casa.'

'Diego, tu padre luchó mucho por levantar esas empresas, fue duro contigo para cuando el no estuviera tu supieras hacer el trabajo, no dejes que el trabajo de su vida completa sea devorado por esos infelices.'

'No te preocupes mamá, no te preocupes, tengo que hacer unas cosas, te llamo después.' 'Cuento contigo hijo, adiós'

'Padrino, la verdad no se que hacer con la situación de las empresas, Don Pedro las tiene secuestradas y legalmente estamos amarrados. Mamá está desesperada'. 'No te preocupes ahijado, todo saldrá bien al final, lo primero es la patria pues sin ella no vas a tener empresas, ni casa, ni nada'

El General Soto le pone la mano en el hombro y lo consuela 'Tranquilo, vete tranquilo, sigue trabajando en lo nuestro y luego yo te ayudo a resolver ese problema, tu tranquilo. Te necesito 100% comprometido con esto'

Diego sale de la reunión y en el camino queda pensativo mientras Luís conducía ...

'Perdone que lo moleste licenciado'. 'Dígame Luís'(sin levantar la cabeza para mirarlo)

'Yo puedo ayudarlo a recuperar su negocio'

'Luis….¿Otra vez con lo mismo? ¿Cómo? A ver…' 'Déjeme hablar con Don Pedro y lo convenceré de devolverle su negocio'. Luis se siente confidente que puede lograr esto por Diego.

'Luis, sabes que Don Pedro está en el hospital por su problema de cáncer, no creo que esté en disposición de hacer nada'

'Si mi don, el está vulnerable, déjeme probar. Si lo ayudo, prométame que usted me ayuda a mí.'

'¿Ayuda? ¿En qué?' Esta vez Diego levanta la mirada en curiosidad.

'Ya que es usted un Coronel en el ejército, hágame su asistente, no sé… (mueve su cabeza de un lado para el otro como tratando de decidir) Sargento o teniente, consígame un rango, unos dolaritos y visa pa´ los países. Si me consigue eso, haré lo má que pueda pa que le devuelvan su negocio'

(Ve a Luís atentamente sin decir palabra por unos segundos, sin saber si debía confiar en este hombre que hasta solo donde el sabe, es un simple chofer que carga un arma para protegerlo). (Diego piensa…. 'Déjeme ver que pasa, total, no tengo nada que perder')

'OK, te ayudaré, demuéstrame que tu puedes hacer lo mismo'
'Cuente conmigo mi jefe!'

Esa misma noche……

Don Pedro se encuentra recluido en el hospital, su condición ha empeorado en las últimas 24 horas y se encuentra conectado a un respirador artificial. El equipo de médicos determinan que sería mejor de trasladarlo al exterior, salen a la sala de espera y explican a su hija Lorena sobre la delicada situación de su padre y los pasos que ellos recomendaban a tomar.

Dada la muy delicada situación de Don Pedro, deciden darle 48 horas más para estabilizarlo. Todo parece que se ha coordinado a la perfección excepto que no tomaron una precaución……los médicos comunicaron todos sus recomendaciones a Lorena ignorando que el mismo demonio se encontraba entre ellos….Luis era el chofer de Lorena esa noche. Ella lo tomó "prestado" ya que su chofer no pudo ir a trabajar ese día. (La corporación tenia todo un equipo de guardaespaldas y choferes los cuales cubrían los turnos de uno que otro miembro de la empresa o la familia). Pero Luis, hábilmente logró agarrar ese turno pues le interesaba hablar con Don Pedro urgentemente ya que el viejo tacaño aun no le había pagado por "el trabajo" que había hecho y no parecía que viviría por mucho tiempo.

Todas las alimañas siempre salen de noche y Luis no era la excepción…

Luis no pierde tiempo, se escabulle a la habitación de Don Pedro, calladamente cierra la puerta y de para frente a la cama 'Hola Don Pedro'.
Don Pedro solo puede responder haciendo señales con su mano 'Hola'
'Se que no me puede repondé, quise saber como taba y……. (se le acerca al oido) quería sabé si uté´ tiene un chequesito pá mi…Se acuerda de su deuda conmigo?'
Don Pedro con su mirada le afirma la pregunta.
'Se que quizá no e´ el momento pero necesito el dinero mi jefe, tengo muchos problemas, ¿puede decirle a su hija que me pague?'
Don Pedro afirma con su vista que sí y hace señales para que entre Lorena a la habitación, que se encuentra en la sala de espera, pide papel y lápiz)

Lorena, perfumada y siempre luciendo resplandeciente, entra a la habitación y Don Pedro le pasa un papel donde indica que le sean entregados 2 mil dólares a Luís

Sin preguntar porqué ni para qué accede a los deseos de su padre ', total…dos mil dólares para Lorena era algo insignificante 'No hay problema papi, tengo dinero aquí (saca los 2 mil dólares de su elegante cartera y se los entrega a Luís). Luís recibe el dinero y lo cuenta….queda viendo fijamente a Don Pedro y sonríe, pero no era una sonrisa sincera, era una sonrisa de frustración. El hombre quería morderse la lengua del coraje). Obviamente, delante e Lorena no podía decir nada. 'Me voy, los dejo, te veo mañana papi' (Lorena le da un beso en la frente y se retira) Apenas sale Lorena de la habitación y Luis confronta a Don Pedro '¿Don Pedro?.... ¿Qué significa eta miseria? ¿Usted no me etará insinuando que ese e´el pago por el trabajo que le hice?'

Don Pedro le señala bruscamente con la mano que se retire que no lo moleste. Luis le habla al oído….. 'Mire viejo miserable, yo lo ayudé a ganá millone de dólare y ¿uté' me quiere pagá' con 2 mil miserable dólare? Le digo una cosa… ese trabajo cueta 200 mil dólare, ordene que me paguen o su hijita Lorena no va a llegá' a vieja, se lo juro'.
Don Pedro toma el papel y escribe… 'si la tocas te mato yo mismo'.
'Sabe una cosa….cambié de idea….el que no va a salí vivo de aquí e uté', viejo miserable'.
Don Pedro escribe de nuevo escribe 'Si me matas no cobras'

Luís no dice nada, sale fuera de la habitación, no ve a nadie y vuelve y entra. 'Ta bien, dígame cuanto me va a pagá? Don Pedro toma el lápiz….piensa un segundo….y escribe "50 mil" y lo firma. Le hace seña con la mano que se retire, que no lo moleste mas.

Luis agarra el papel, lo lee y lo guarda en el bolsillo…. 'Lo voy a cobrá pero no significa que uté pagó la deuda. Ademá….tengo un trabajo nuevo!

Don Pedro lo ve intrigado y le hace señal preguntando sobre ese trabajo nuevo ya que él no le había ordenado ninguno.
'Pobre Don Pedro…Lo que uté' no sabe e que cobraré por su cabeza', dice sonriendo.

Don Pedro ve como lentamente se le acerca Luís… Siempre con una sonrisa sarcástica y retorcida, le desconecta del tubo respiratorio y le sostiene las manos para que no pueda moverse…Don Pedro siente como un gran peso se le viene encima, siente como la luz se apaga lentamente, como un simple infeliz como Luís le arrebata la vida al todopoderoso Don Pedro, sentía que la vida se le escapaba y aún no podía creer que moría…moría lentamente. Sus viejos y enfermos huesos por mas que trataron de resistir no pudieron con la fuerza del experto asesino.

El cuerpo de Don Pedro poco a poco dejaba de moverse hasta llegar al punto en que sus pupilas se dilataron. Era el momento que espera Luis, Don Pedro ya no se movía.
Pero.....algo raro sucedía...el podía ver todo...si...Don Pedro podía verse, verse........... flotando! ¿flotando? ¿Como podía ser? ¿Estaba soñando? Pero cuando apenas empieza a entender lo que sucedía...llega un visitante a recibirlo, una persona extraña ...se veía borrosa al principio ¿quien era? No lo reconocía...Y....porqué tienen....alas? ¿Alas? Pero... ¿porqué esas alas eran... oscuras, como de murciélago? Pero si eran ángeles... ¿Por qué no eran blancas como en las pinturas?

'Quien anda ahí?' '¿Quien es? Pregunta tratando de enfocar la vista. Era una visita que el nunca consideró invitar, nunca pensó que sus actos tendrían consecuencias, el visitante es un admirador, el presidente de su fan club....Era el Ángel Saón! 'Soy tu amigo Pedro, vamos...te esperan' le responde.

Saón era uno de los ángeles que salieron del reino de los Cielos junto con Satanás, salió con poder pues fue nombrado segundo a cargo del nuevo reino, el reino de Satanás. Saón era un demonio.

Luís sale de la habitación y ve a su amante, la enfermera que lo ayudo en la muerte de Don Agustín, sin decir palabra le pasa los 2 mil dólares y se retira. La enfermera entendía lo que había pasado, se encargaría de arreglar todo. Pero algo sale mal...antes que ella pudiera arreglar todo, otra enfermera entra a la habitación y detecta que el tubo respiratorio estaba desconectado y que Don Pedro estaba muerto, reclama a la enfermera amante de Luis, ella explica que no sabe que ha pasado.
'Avisaré al doctor, esto está muy sospechoso' le dice la otra enfermera mientras sale rápidamente de la habitación.

La amante de Luís presciente que va a ver problemas y llama a Luís por teléfono
'Luís, estamos en problema' le dice muy nerviosa con una voz temblorosa.
Luis se sorprendió de la llamada pues no prevenía ningún problema '¿Qué pasó?'
'Una enfermera se dio cuenta que el tubo estaba afuera y sabía que estabas ahí'.
Luis le pega un puñetazo a la pared bien enojado 'Coño!, ok no te preocupes, yo lo resuelvo, te veo cuando salgas, ve a mi casa, ahí hablamos'
Cierra el teléfono y se queda pensativo de que hacer.... Llama a la clínica y procura hablar con la enfermera 'Mire señorita' le habla en un tono agresivo '

me acaban de informar que Don Pedro ha muerto por un descuido de su parte, usted está en serios problemas' queriendo asustarla. 'Yo?' responde ella....
'Yo no estaba en esa habitación, solo fui a revisar pues el monitor en la cardiaco me dio un tono y fui a verificar, usted fue el último que estuvo en la habitación' Luis se da cuenta que la enfermera está un poco nerviosa ' Ah! Ahora usted va a decir que fui yo que lo mató?

Voy a llamar a la policía y como guarda espaldas personal de Don Pedro y jefe de seguridad vamos a iniciar un investigación y créame que usted no va a salir muy bien parada de esto según veo, vaya contactando un abogado y buscando otro trabajo'

Estratégicamente el la puso a la defensiva. 'Yo no he hecho nada malo señor' ahora ella está muy nerviosa pues sabe el poder de las empresas y podía presentir que la culpa caería sobre ella.
Luis le dice 'Oiga bien lo que vamos a hacer, escuche bien....esta información es muy delicada y hasta que se investigue nadie puede saber nada, así que mantenga la boca cerrada y no lo hable con nadie. A mi me da que Don Pedro murió de forma natural…Verdad que así parece?' Ella se queda callada…. ' Pues no se…' Pero Luis le grita 'Es que usted no sabe lo que le va a pasar a usted? Mire, por ultima vez, cierre la boca y yo iré mañana en la mañana a ver que ha pasado, si usted sigue mis instrucciones, usted saldrá bien de esto, entiende? 'Si Señor Luis' responde ya con lagrimas en los ojos. Luis le cierra el teléfono abruptamente.

La amante de Luis la agarra por el brazo y la lleva a una habitación vacía y viéndola directo a los ojos… 'Tu eres estúpida? Es que tu te quieres morir? Es que tu no sabes quienes son esa gente? Cierra la boca, ni una palabra, no has visto nada ni sabes de nada. Si te pregunta alguien solo vas a decir que al parecer murió durmiendo. Entendiste!' le dice mientras agarrándola del brazo la sacude un poco. 'ok, ok, no diré nada pero estoy muy asustada'. 'Yo me encargo, tu callada' y salen las dos de la habitación a resumir sus funciones como que nada a pasado.

La amante de Luis lo llama por teléfono 'Luis, mira yo hablé con ella pero no estoy segura que se quede callada, si la policía la presiona estoy segura que va a hablar'. 'No te preocupes, hablamos en la casa, resolveré eso también'.

Sin darse cuenta, la otra enfermera había firmado su sentencia de muerte, ya Luis empezaba a pensar como la iba a tener que sacar del medio.

En casa de Luís unas horas después………

Llega su amante después de cumplir su turno Luís la nota muy nerviosa 'No te preocupe, yo arreglaré todo' le dice tratando de calmarla. 'No sé, estoy asustada, no quiero ir a la cárcel'
Luís le hace señas con las manos que se tranquilice 'Nadie irá a la cárcel, solo tú y yo sabemo la verda´, deja de preocuparte mi amol'
'Ay no sé Luis, bueno lo que tu digas'. El la abraza y empieza a besarla 'Deja de pensar en eso y mejor ven a atender tu hombre' mientras la tira a la cama

Después de varios besos y caricias, hacen el amor.

Dos horas después…
'¿Luís?, Luis?' lo llama ella pero Luís duerme profundamente.
'Lo siento mi amor, pero no me puedo arriesgar, no soportaría ir a la cárcel (mientras le inyecta un fuerte sedante que Luís apenas pudo moverse al sentir la aguja) 'Que hiciste?' Solo le pudo responder mientras sus ojos se cerraban otra vez producto del fuerte sedante. Luego le toma el brazo y le inyecta una sobredosis de heroína (heroína era la droga preferida de Luis) para que todo pareciera una sobredosis, conociendo que el sistema de investigación forense no es sofisticado, nadie investigaría tan profundamente. Además ella diría que el estaba muy triste por la muerte de su jefe y "relajarse" y al parecer se inyectó mas de la cuenta.

Luís es visitado por un viejo amigo, un amigo al que nunca había visto en persona pero que había sido su mentor casi toda su vida... ni mas ni menos que su Ángel Guardián, el Demonio Jirá que parado justo frente a la cama de Luís le da la bienvenida (abriendo de repente sus brazos y su grandes alas que como pavo real expande sus plumas a mucho orgullo). Definitivamente el VIP del infierno estaba recibiendo sus mejores clientes.

Horas después…
Diego es despertado por su teléfono celular, era el Coronel Ortiz del Departamento de Homicidios. '¿Lic. Diego Vega?' Diego levanta el teléfono mientras busca su reloj para ver que horas eran. 'Sí'
'Le habla el Coronel Ortiz del departamento de homicidios, lamento despertarlo pero lamentablemente le tengo malas noticias'
'Qué ha pasado?' Ya levanta la cabeza y se sienta en la cama
'Su chofer Luís fue encontrado muerto en la casa de una enfermera que al parecer era su amante'.

'Pero cómo pasó? Estuvo ayer conmigo' 'Al parecer una sobredosis de heroína, sabe usted algo de esto o había notado algo extraño?' Le dice mientras ve sobre los documentos que tiene en su escritorio.

Diego está como confundido pues no puede imaginarse tal cosa 'La verdad que no, nunca hubiera imaginado que consumiera drogas, nunca noté nada extraño'

'Al parecer era un consumir de ocasiones, pues apenas tenia una que otra marca en sus brazos, quizás era nuevo usando la droga. Por favor le pido que pase por el departamento de homicidios a dar su declaración formal'
'Si, si claro lo haré, salgo para allá'.

La amante de Luís había logrado su cometido, aunque sabía que sería investigada pues Luís murió en su residencia pero nada ataba su muerte a ella, además, lo importante era que el secreto en la muerte de Don Pedro ya estaba a salvo. Ella usaría este incidente para intimidar su compañera de trabajo a que mantuviera la boca cerrada si no quería correr la misma suerte.

No todo había sido trágico, pues momentos después recibe Diego una llamada...

'Diego, como estás?te habla Lai'. 'Lai? Qué sorpresa, tenía un tiempo que no sabía de ti' Después de tantas malas noticias, esa llamada de Lai era como un vaso de agua fresca un día de intenso calor.
'Si, estuve ocupada, además tuve que tomar unas vacaciones, alejarme de todo por un tiempo, la muerte de Kiko me ha destruido y lo peor de todo es que no se sabe aún quién y por qué la asesinaron.'
'Tampoco he sabido nada, pero sabes? Lo extraño del caso es que el chofer de mi padre desapareció esa misma semana sin dejar rastro' responde Diego.
'Diego, crees que eso tenga algo que ver con el asesinato de Kiko?'
'Bueno Lai, siempre he tenido mis dudas pero no tengo pruebas de nada. Pero dime, donde estas y que haces?'
'Estoy en casa de mis padres en Hong Kong, pero....te extraño'
'También te extraño Lai, ¡Oye, porqué no vienes a visitarme y te pasas un tiempo aquí conmigo?' Diego no pierde tiempo en tratar de calentar de nuevo esa admiración, ese "amor a primera vista" que había surgido entre los dos pero que había sido interrumpido por la repentina y terrible muerte de Kiko.

Lai se emociona 'Lo dices en serio?' 'Claro que sí, anímate yo haré los arreglos de un jet privado para ti'. Ella pausa por un segundo no queriendo hacer demostrar que estaba desesperada por ese encuentro 'mmmm......OK, dime cuando' pero era irresistible la tentación.

'Ya!' Dice Diego rápidamente sin ningún titubeo. 'OK, dame un par de días para resolver unas cositas.' 'Ok amor, te estaré esperando, contaré cada segundo esperando tu llegada' le dice en voz sensual pero de forma jocosa. 'Jajaja bien, eres un loquito, salúdame a Rodrigo, hablamos allá. Será excitante'. 'Nos divertiremos mucho, te lo prometo. Cuídate, bye'

'Bye, besos' Cierran el teléfono y cada uno de lado y lado queda con el corazón encendido con una nueva luz de esperanza, el amor verdadero se siente llegar, Cupido está listo para trabajar.

Para Diego, esa llamada de Lai había sido una bendición del cielo ya que su vida se había convertido en un camión de desperdicios donde toda las cosas desagradables y malas eran echadas a sus espaldas, esa visita le haría bien, presentía que Lai cambiaría su vida. Satanás llama a capítulo al Demonio de la Infelicidad para que le explique porqué de tanta negligencia de su parte, porqué no estaba haciendo su trabajo.

El Demonio de la Infelicidad, pide perdón, avergonzado y sin querer estar en el ojo del jefe se pone a trabajar inmediatamente!

Su efectividad fue inmediata!

Diego recibe otra llamada telefónica... 7:50 am

'Ahijado' Era el General Soto. 'La bendición mi padrino'

'Dios me lo bendiga, mire ahijado ha pasado algo inesperado, salga para el Palacio de la Presidencia, tenemos una reunión con el Presidente,

llame a Rodrigo, los espero allá'. Diego respira de nuevo profundamente 'Pero que ha pasado? 'Le informo en Palacio'

'Ok padrino, le aviso a Rodrigo y salimos para allá, déme dos horas'

'Tienen una hora' le dice el General Soto.

'Tan grave es el asunto? Ok Bien. Allá estaremos'

.El General cierra el teléfono, Diego se queda helado, sabia que esa llamada así no podría ser nada bueno.

Diego llama a Rodrigo...

'Rodrigo, de prisa ve al Palacio Nacional que tenemos una reunión con el Presidente, parece que el asunto es grave'

(Rodrigo aún medio dormido ve su reloj) '¿Sabes la hora qué es? Dile al Presidente que no visito a nadie hasta después de las 11:00 a.m.' Tirando un gran bostezo.

'Vamos Rodrigo, no estoy para juegos, solo tenemos una hora para estar allá, además me acaban de llamar del departamento de homicidios, encontraron a

Luís muerto, dicen que pudo ser una sobredosis''Qué? (Se levanta repentinamente de la cama) Luís? Pero qué diablos pasa?''No tengo tiempo de explicar Rodrigo, te acabo de contar después de la reunión en Palacio, el General Soto nos dio una hora para estar allá, apúrate'

'Ya, Ya…pero para qué nos querrán a nosotros?' 'No sé, apúrate Rodrigo, bye'

Cuando Diego, ya vestido con su uniforme militar de gala va en camino al Palacio Nacional y recibe otra llamada inesperada…

'Aló?' 'Diego (mientras lloraba desconsoladamente), Diego, papá murió' Era Lorena que se acababa de enterar de la muerte de su padre.

'Lorena? Pero que dices? deja de llorar a ver si te entiendo'

'Ay Diego, cómo haré ahora? Mi papá se murió anoche' (seguía llorando a gritos). 'Pero el no estaba tan mal, que paso? Le responde Diego.

'Al parecer se le desconectó el tubo que le daba respiración artificial y nadie se dio cuenta, una enfermera lo encontró, trataron de revivirlo pero todo fue inútil.

No puedo con esto yo sola, te necesito Diego'(lloraba a gritos desconsoladamente). Pero las cosas que esta bella mujer le había hecho a Diego le habían endurecido el corazón '¿Qué tu me necesitas? ¿A mí?'

'Diego, no seas sarcástico, mira que estoy destrozada' 'Lorena, te parece poco que tu y tu padre nos arrebataron las empresas, tomaste mi puesto y arriba de todo eso me has sido infiel?' 'Infiel?' Esa respuesta era algo que Lorena nunca hubiera esperado o sospechado. 'Mira Lorena, no te me hagas la estúpida, o es que crees de verdad que soy un imbécil?. No me expliques nada, lo sé todo, ahora voy en camino a una reunión importante y no tengo tiempo para ti, además…si te digo que siento la muerte de tu padre te mentiría, al contrario… me alegro'. (Cerrando el teléfono).

Una tremenda controversia se suscitó. Mientras los demonios de la apatía y la venganza reían a carcajadas por la falta de compasión de Diego hacia Lorena y otros lloraban pues Don Pedro, un fiel representante de la maldad y la codicia había fallecido.

Sus lágrimas serían mitigadas por la buena noticia que Don Pedro en vez de ser castigado y quemarse en el infierno por toda la eternidad, había pasado a formar parte del ejército de Satanás.

La esencia del hombre no está en su físico, está en su alma y así mismo como en vida física su maldad tocó cada persona y cosa que hizo, como alma condenada también causaría estragos en el mismo infierno, estragos tan profundos que sacudirían los rangos de los ejércitos demoniacos hasta sus propios cimientos. Para Diego no pudo ser mejor noticia pues con la muerte de Don Pedro, todos sus bienes y acciones pasarían a ser heredadas por su única hija Lorena, su esposa y como tal, la mitad de los bienes de Lorena le corresponderían a él. Además con la muerte de Don Pedro las empresas pasarían de nuevo a ser controladas por la familia Vega. Inmediatamente Diego telefoneó a sus abogados ,Rodrigo y su madre para darle la excelente noticia!

XII

(Palacio Nacional de la Presidencia)

Diego junto con Rodrigo (llenos de alegría por la gran noticia de la muerte de Don Pedro) y el General Soto entran al despacho del Presidente de la República Dominicana el cual era acompañado por toda la plana mayor de las Fuerzas Armadas.

A puertas cerradas en el salón de guerra, frente a una larga mesa, se pone de pie El Presidente 'Señores oficiales, gracias por venir de forma tan apresurada pero me acabaron de llegar informaciones perturbadoras que debemos discutir. Nuestro embajador en Israel nos ha involucrado en el conflicto en medio oriente, ese estúpido, por lograr reconocimiento político a nivel internacional se ha ofrecido como voluntario para servir de mediador entre los Israelitas y los musulmanes, sin previa consulta, pero ya el daño está hecho. Lo he llamado a capítulo de regreso al país para ser sancionado pero como ese idiota representaba el país, las partes en conflicto aceptaron su propuesta y ahora estamos en el medio de ese problema'.

Vice-Presidente toma la palabra: 'Perdón Señor Presidente, ¿No podemos simplemente decir que nuestro embajador actuó por cuenta propia y que no estamos en condición de asumir una responsabilidad de esa magnitud?'

'No!, es muy tarde, además recibí una llamada del Embajador de Los Estados Unidos exigiendo nuestra posición en cuanto al conflicto, en pocas palabras, desean saber de qué lado estamos.
(El Presidente se nota muy preocupado) Señores... estamos en una situación muy delicada, está confirmado que de no tomar el lado de los americanos... seremos invadidos por Haití con todo el apoyo norteamericano.

Una guerra con Haití nos retrasaría 20 años. Haití ya tiene el apoyo norteamericano, las ONG's y los traidores pro-haitianos y eso nos deja muy mal parados y posiblemente no podamos ganar pues aún no sabemos si la Unión Europea, Rusia, China y los países musulmanes nos suplirían lo necesario para resistir.

De mantenernos fieles a los norteamericanos nos desconectaría del resto del mundo y nuestra economía caerá desastrosamente y prepararnos para posibles ataques terroristas los cuales tendríamos que combatir solos pues no creo que los Estados Unidos pueda cubrir todas nuestras necesidades, además …que es lo mas grave….. tendríamos que dividir la isla por la mitad, lo que significa que perderíamos mas de un 30% de nuestro territorio para entregárselo "voluntariamente a Haití". Si eso pasa… que Dios nos proteja.'

Sin duda alguna, era una situación delicada, nadie se atrevía a dar una opinión General Soto se arma de valor, 'Señor Presidente, si usted me permite'
'Adelante General Soto' le responde el Presidente mientras toma asiento 'Señor Presidente, usted ya conoce a los Coroneles Diego y Rodrigo Vega a los cuales con su permiso, he querido que participaran en esta reunión. Los he traído pues los conozco desde que nacieron y son de mi plena confianza, además han demostrado ser ciudadanos honorables y han servido bien a nuestro país a nivel civil y militar. Ellos poseen lo mejor de los dos mundos, como hombres de negocios reconocidos a nivel mundial y como militares destacados' (Claro, el general exageraba un poco acerca de ser militares destacados) 'Conozco bien a los hermanos Vega, que me quiere decir General?
'Propongo que el Coronel Diego Vega sea enviado a la República de Haití a negociar con el gobierno haitiano y los americanos, al Coronel Rodrigo Vega a medio oriente a servir de mediador ya que es conocedor de ese tipo de culturas. Si tenemos suerte, todo se resolverá a tiempo y la República Dominicana será la gran ganadora'.
'La verdad no es que tengamos muchas opciones en este momento, si ninguno de mis ministros y generales se opone, me parece una acertada acción, ya que nuestros embajadores solo piensan en salir en los periódicos' responde el Presidente.

El General Martínez, General de Brigada a cargo de las tropas apostadas en la frontera con la República de Haití 'Señor Presidente, creo que la pregunta es,,, ¿Qué haremos si todo va mal?'
'Veamos como progresan las conversaciones, de pronto, reforzaremos las fronteras, quiero cada hombre de las fuerzas armadas en servicio, que se inicie una campaña de reclutamiento obligatorio para los mayores de 18 años y que nuestro personal diplomático en los países en conflicto estén en alerta máxima y preparados para ser evacuados en cualquier momento. Señores ministros, quiero que se inicie un programa de almacenamiento de alimentos y agua.
Quiero que todas las unidades de emergencias públicas y privadas estén preparadas pues al menos que suceda un milagro y esta guerra termine, seremos atacados de una parte o de otra'.

(se levanta de su escritorio y en alta voz)

'Señores…de algo sí estoy seguro… Yo mi país no se lo entrego ni a los gringos, ni a los haitianos, ni a los musulmanes, no seré recordado como el presidente que se rindió, no sé ustedes señores, pero estoy dispuesto a morir disparando envuelto en la bandera nacional'.

General Soto se levanta de su silla 'Que Viva La República Dominicana!'

Todos los presentes se levantan de sus sillas y gritan: Que Viva!

XIII

Medio Oriente…

Uno de los generales (General Kalil Mohamed) de la plana mayor del ejecutado Presidente Saddam Hussein espera impacientemente dentro de su celda el desenlace de los acontecimientos, aún era retenido por los norteamericanos en la Ciudad de Bagdad. Los norteamericanos intentaron varias veces enviarlo a los Estados Unidos pero el acorralamiento al cual eran sometidos en Irak no les permitía ni recoger las provisiones que eran lanzadas desde los aviones desde el aire pues habían perdido el control de la situación. Solo un puñado de soldados norteamericanos resistían en Irak, entre ellos se encontraba Steve, el amigo de infancia de Diego y Rodrigo.

El General veía como sus fieles soldados intentaban una y otra vez tomar control de las instalaciones donde el se encontraba, todo en vano. Aún siendo estas fuerzas dirigidas por Abdul Bin Laden (uno de los hijos de Osama Bin Laden), el cual había reaparecido como un gran héroe a combatir a los norteamericanos y exterminar a los Israelitas en honor a su padre asesinado por los americanos

Una calurosa tarde se encontraba inquieto el General en su celda pues el aire acondicionado había sido dañado por los ataques de las fuerzas iraquíes….
'Soldado! Soldado!' llama el General Kalil al centinela.
'¿Qué quiere?' le responde el centinela sin moverse de su silla mientras se trataba de refrescar con un abanico de papel hecho de periódico. 'Sáquenme de aquí, no soporto el calor'
'Cállese, sufra ahora como hemos sufrido todos por su culpa'
El General Kalil, agarra las barras con ambas manos, tratando de mirar hacia donde se encontraba el centinela 'Mas le vale ser generoso conmigo, sabe que pronto mis leales fuerzas entrarán aquí y los degollarán vivos y solo yo podré evitar que lo maten y cada mes envíen pequeñas partes de su cuerpo a su madre ja ja ja ja'
'Que Dios lo perdone por ser tan malvado. Si yo he de morir, moriré con Dios, Jesús y El Espíritu Santo a mi lado. Más vale que usted se arrepienta de todos sus pecados para no ser quemado en el infierno' Se levanta de su silla ya incómodo por lo dicho por el General Kalil, pero dentro de sí, sabia que el no mentía y esa posibilidad era muy real. El amaba a Jesus pero no tenía apuro de ir a su encuentro prematuramente

El General se detiene a pensar un poco sobre la reacción de aquel soldado, que a pesar de la situación aún estaba dispuesto a mantenerse firme en su puesto y seguro de su Dios. '¿De donde venía aquella fortaleza?'

El General Kalil uno de los generales mejor educados, en verdad, un genio en tácticas de guerra, un estratega, un hombre que aunque sirvió a un tirano, no dejaba de amar a su país, no dejaba de odiar a los americanos por invadir su país, por las muertes de miles de civiles incluyendo lo que el mas quería en el mundo....su primogénito, muerto en un bombardeo. Eso, nunca lo perdonaría.
'Sabe soldado, me ha hecho pensar, quiero conocer su religión, ¿cómo puedo aprender de ella?'
'Todo está en la Biblia General, arrepiéntase y dele entrada a Cristo en su corazón a ver si lo perdona, aunque creo que usted no tiene salvación' (Pensando) 'Si....hhummm... la Biblia', (expresión de descubrimiento) '¿tiene una? me gustaría leerla, de todos modos aquí no hago nada soldado, quizás me arrepienta jajaja'
'Le buscaré una, ha tomado una buena decisión, nunca es tarde para arrepentirse' mientras busca la biblia dentro de unas gavetas de un viejo escritorio.
El soldado le pasa la biblia entre las rejas de la celda. El General la mira cuidadosamente y hasta con nerviosismo pues en otros tiempos hubiera sido destituido y fusilado por tener una biblia en sus manos 'Usted es un buen hombre soldado, tonto pero buen hombre, le prometo que salvaré su vida cuando llegue el momento' (mientras sonríe de forma sarcástica)

El soldado ignoraba que era engañado, sin darse cuenta le había dado al General la respuesta que hacía años buscaba...la formula de cómo derrotar a sus enemigos, si...y solo podía hacerlo de una forma... conociéndolo. Lo mas básico de la educación militar.
Entendió que el Dios de los Judíos y el Dios de los americanos era el mismo, entendió que la conducta, forma de ser y pensar de sus enemigos, de una forma u otra era basada en las enseñanzas de esta...Biblia. Entendió que si dominaba ese conocimiento podría saber de que serían capaz sus adversarios, como manipularlos, confundirlos y aterrorizarlos!
Mientras pasaban los días, el General devoraba cada palabra de aquella Biblia e incluso había llegado hasta solicitar un sacerdote que le hiciera entender las complicadas parábolas y diferentes interpretaciones.
Pasaron semanas y Abdul Bin Laden continuaba luchando junto a sus fuerzas leales para liberar al General.

Abdul Bin Laden entendía que la liberación del General Kalil sería como el viento fuerte que esparce las arenas del desierto haciendo que esta penetre por todos lados, así mismo la moral de todos los musulmanes combatientes sería elevada a su máxima expresión y como tormenta arrastrarían a los infieles a una muerte segura.

XIV

Dos semanas después….

Sale el sacerdote de la celda del General Kalil por última vez, ya las cartas estaban echadas. El General, como hombre astuto, de infinita paciencia, había escuchado y leído la Biblia en su totalidad, pero nada lo había impresionado tanto como su último libro El Apocalipsis, no porque pensara que fueran ciertas las visiones que tuvo Juan, que importaba,…… lo importante es que los judíos y cristianos creían esas profecías, tarde o temprano se harían realidad y………… ¿Porqué no hacerlas él realidad? ¡ Sí !! El plan perfecto! Manipular las escrituras y hacer creer a todos los creyentes, que Satanás ya estaba entre ellos y La Bestia y su falso profeta eran ni más ni menos que él y Abdul Bin Laden. De esta forma implantarían el terror y la histeria generalizada entre sus enemigos.

Apenas sus entrañas empezaban a sentir el gozo y la astucia de su plan cuando escucha ruidos, disparos y gritos….

'Soldado? Qué pasa?' (El soldado llega corriendo por el pasillo, cierra todas las puertas con llave, va a la celda del General Kalil)
'Sus amigos están aquí General, le pondré las esposas, tenemos que salir de aquí'
'Muchacho, sabe que es inútil, sabe que no podrá salir de aquí con vida' mientras se mantiene tranquilamente sentado con las piernas cruzadas en su celda.
'Cállese, solo cumplo con mis ordenes' (mientras sudaba copiosamente muy consciente que lo dicho por el General era cierto). 'Vamos soldado, ya ha hecho suficiente, entréguemele su arma, quédese aquí conmigo y le prometo que volverá a ver a su padres' (se escucha una gran batalla por la toma de la prisión)

Se escuchan disparos, gritos de dolor, detonaciones….se abren puertas, otras se cierran….sangrando, herido de bala llega Steve corriendo a la celda del General. 'Vamos soldado, vamos rápido, esos salvajes nos están matando a todos, están adentro de la prisión, no están tomando prisioneros, los están degollando vivos' (Al pobre centinela, ese pobre muchacho de apenas 19 años de edad, que nunca había sentido el calor de una mujer, le temblaban las manos, no podía abrir la celda en donde se encontraba el General Kalil)

El General Kalil muy tranquilo, aun con sus piernas cruzadas espera la llegada de sus amigos, el soldado, consciente de que el final ha llegado, entrega su arma al General.

Steve, todo ensangrentado, mal herido agarra al soldado por la chaqueta 'Pero qué haces idiota? El Soldado lloraba 'No quiero morir señor, no quiero morir'

No era tanto el miedo a morir que los embargaba, era la forma en que serían puestos muerte, miedo a ser vistos por todo el mundo, por sus padres en la televisión, asustados, perdidos, humillados…..decapitados!

'Tranquilos muchachos, yo los protegeré. Ya la guerra para ustedes terminó. Lo importante es regresar a sus casas, con sus familiares' (mientras revisaba el peine de la M-16 del centinela). Mirando a Steve, extiende su mano 'Deme el arma soldado, no sea orgulloso, luchará otro día, salve su vida hoy'
'Yo no entregaré mi arma a este maldito (le dice al otro soldado mientras le mantiene la mirada fija al general mientras le apuntaba con su M-16) 'lo enviaré al mismo infierno'. El centinela se interpone entre los dos … 'No!, no lo mates, es nuestra única esperanza de salir con vida de aquí, piénsalo Steve'
'Quítate del medio que a este hijo de puta le vuelo la tapa de los sesos ahora mismo' (justo antes de apretar el gatillo siente que algo le quemaba las entrañas)
El soldado se abalanza sobre él cuando ve que chorro de sangre sale de su pecho 'Steeeeeeve , nooooo (Steve había sido herido de bala en el tórax que lo atravesó de extremo a extremo y cae al suelo sangrando profundamente)
Se acerca un soldado musulmán iraquí y apunta su arma al soldado.
'No, a este no'. Interviene el General Kalil, el era un hombre de palabra, y la cumpliría.

El soldado Iraquí toma a Steve por su rubio pero ensangrentado pelo, le levanta la cabeza bien en alto, saca su puñal y…

General Kalil lo detiene 'Alto! Todavía no'.
Se escucha los gritos de triunfo de las fuerzas musulmanas, la prisión había caído, todos celebraban y vociferaban "Alá es Grande, Alá es Grande"
'Traigan una cámara, este es mi gran triunfo y lo tiene que ver todo el mundo' mientras salía por fin de esa terrible celda. El pobre soldado se aferraba a él como si fuese un niño de 2 años. 'Tranquilo soldado, vas para tu casa, soy hombre de palabra' (mirando hacia otro soldado musulmán que se acerca 'Mohamed, la paz contigo hermano (se saludan), te tengo una misión especial, este muchacho salvó mi vida, asegúrate de entregarlo a los americanos y que llegue sano y salvo de regreso a su casa'. 'Soldado, como se llama? Le pregunta 'McCoy, señor….Private (raso)Frank McCoy'.
'McCoy…. Me gusta tu apellido muchacho, ve con Mohamed, el se va a

asegurar que llegues bien, hiciste tu trabajo, vete con la frente en alto, mis respetos' (El General sabia reconocer los méritos de sus enemigos, como buen militar los respetaba. Lo despide haciéndole un saludo militar).

Con los brazos abiertos viene llegando Abdul Bin Laden, llega hasta la celda del General Kalil lo abraza y lo besa.
'Alá es grande hermano' le dice Abdul. 'Sí lo es, me has liberado, te estaré eternamente agradecido'. 'Juntos destruiremos a los infieles y a la bestia yankee General'

Llega un soldado con una cámara de video...

'Ven Abdul, hagamos esto juntos'.

Steve se encontraba tirado de bruces en el rústico y polvoriento piso levantan su cabeza por su cabello rubio, moribundo ya no tiene fuerzas para sostenerse. Una daga es entregada al General por Abdul y frente a la video grabadora, ambos... El General y Abdul Bin Laden implorando el nombre de Alá.....cortan el cuello a Steve.
(Habla a la video cámara) 'La sangre de este hombre es prueba que los infieles terroristas americanos han sido derrotados en Irak y que Yo como el nuevo Padre de Irak asumiré el puesto que me corresponde. El enviado de Alá, Abdul Bin Laden me ha liberado y juntos seguiremos luchando para expulsar de todo país musulmán los infieles que han manchado sus manos con sangre de nuestros hermanos'. (Gran aplauso y gritos de regocijo)

XV

Una semana después…

Rodrigo llega a Bagdad e inmediatamente se dirige a uno de los Palacios de Saddam Hussein donde fríamente es recibido por la recién reinstalada dictadura, los iraquíes desconfiaban de los dominicanos pues aún mantenían la neutralidad en el conflicto conociendo las graves consecuencias de ir contra las naciones musulmanas y sus nuevos socios, Cuba, Rusia, Irán, China y los recién incorporados a esta coalición anti-norteamericana entre los que se encontraban Chad, Sudán, Libia, Argelia, Somalia, Rep. Del Congo, Angola, Grupos independentistas de la India, Croacia, Rep. Checa y no sorpresivamente países latinoamericanos como Venezuela, Bolivia, Ecuador y Nicaragua y gozando de un apoyo parcial de algunos países integrantes de la Unión Europea que aunque no estaban de acuerdo de la reinstauración del régimen de Saddam Hussein ahora con el General Kalil como Presidente tampoco apoyaban la interferencia, dominio e intensión expansionista de los norteamericanos. Indiscutiblemente, todos los países que de alguna forma u otra habían sido humillados, manipulados o presionados por los norteamericanos a hacer su voluntad. Estos tres demonios serían liberados para ir en contra de su propio amo.

La respuesta a la caída de la bestia yankee en Irak fue tal cual imaginaba Osama Bin Laden, la moral de los combatientes musulmanes estaban a sus máximo punto, en todo Medio Oriente se respiraba el dulce olor de la victoria y no perdieron tiempo en apuntar sus espadas a Afganistán y luego asestar el golpe final derrotando a Israel.

Abdul no podía estar mas orgulloso de ver el sueño de su padre hecho realidad!

Abdul, el General y el gobierno cubano preparaban secretamente la gran celebración.

El Ultimo Asiento

XVI

Diego viaja por helicóptero a Puerto Príncipe, capital de la República de Haití donde inicia las negociaciones por la paz pero los haitianos no estaban interesados en negociar, sabían que tenían el apoyo de los norteamericanos y 25 mil soldados bien entrenados listos para una invasión, sus demandas eran tajantes... pero con opciones... la apertura total de las fronteras con un gobierno conjunto o mover la frontera 50 km. tierra adentro y dividir la isla por la mitad. Para Diego y el Gobierno Dominicano esta propuesta era un insulto imperdonable, una aberración!!

Pasada una semana y las negociaciones no avanzaban, estaban en punto muerto, los haitianos no tenían nada que perder y sabían que el gobierno dominicano estaba consciente que se enfrenaban a consecuencias graves si no accedían a sus demandas.

Palacio del Gobierno Haitiano....

Diego trata de utilizar todo su poder de convencimiento 'Sr. Presidente (Haitiano) le suplico por última vez que reconsideren su actitud, las relaciones entre nuestros países han sido cordial por mas de 150 años, le pido que hagamos un esfuerzo para reconciliar esa amistad y llamar a la cordura'.

Presidente Haitiano no se inmuta, al contrario se pone mas prepotente cada minuto 'Mire Coronel, ya se lo dicho, ustedes ya no están en posición de negociar, les hemos dado dos opciones, espero una respuesta hoy. Creo que es tiempo que tome el teléfono y pida una respuesta.

Pero Diego no se deja intimidar 'No hace falta, nuestra respuesta definitiva es NO! Y le advierto Sr. Presidente, no toleraremos ningún tipo de atentado a nuestra soberanía pues los derrotaremos en el campo de batalla de forma aplastante como lo hicimos hace más de 150 años, aténgase a las consecuencias.

(Diego ya había perdido la paciencia y levantándose de su silla y apuntándole con el dedo le hacía esas reclamaciones) 'Señores...es que ustedes no tiene vergüenza? Haití siempre fue un pueblo orgulloso y ahora ustedes, aparte de "pacíficamente" invadirnos, permitiendo la entrada de sus ciudadanos a nuestro territorio, aprovechándose de nuestra generosidad, se atreven a hacernos exigencias? El hambre no ha hecho sucumbir este pueblo gracias a nosotros. O es que mandar sus mujeres a parir de gratis, sus enfermos a nuestros hospitales, educación gratis a sus hijos, depredando todos nuestros recursos naturales sin sufrir consecuencias no ha sido suficiente para ustedes? También pretenden quitarnos la mitad del país? Hoy os digo señores, pensad vuestro próximo paso con mucho cuidado, se los advierto!'

Presiente Haitiano también irritado por la negativa dominicana hace una señal con la mano (Llamando a uno de sus asistentes) 'Acompañe al Coronel Vega a su helicóptero, nuestra conversación ha terminado'.

Diego, respetuosamente le hace el saludo militar y se retira, sabe que la suerte estaba echada.

El Presidente haitiano no perdió tiempo dando la orden inmediata de que regresaran lo antes posible los soldados que entrenaban en los Estados Unidos, preparar los últimos detalles y esperar tomar a los dominicanos por sorpresa. Sus soldados ya se encontraban listos solo esperando ser transportados a la isla.

Pero como un burro tiene que esperar que su amo le de la orden de andar, así tuvieron que esperar los haitianos. Los americanos necesitaban más tiempo, esperaban que su suerte cambiara en Medio Oriente y aún seguían buscando apoyo de otros países a cambio de grandes beneficios pero el tiempo de los indios pre-coloniales ya había pasado. Los norteamericanos jugaban su última carta, estaban conscientes que de apoyar a la República de Haití perderían a uno de sus mejores socios comerciales....temporalmente, pero con una victoria haitiana controlarían la isla completa pues la idea de dejar que los haitianos controlen la isla era una fantasía que solo el mas estúpido podría creer, el plan de los gringos era debilitar a todos sin sufrir bajas para luego entrar sin resistencia, Cuba correría la misma suerte.

La República Dominicana se preparaba para la guerra !!

XVII

<u>Afganistán</u>

El General Kalil y Abdul Bin Laden continuaban su batalla para derrotar a los norteamericanos en Afganistán, prometiendo no tomar prisioneros al menos que admitieran su derrota, lo cual los yankees se opusieron. Los norteamericanos debían hacer una demostración de fuerza, pues los nuevos aliados de la coalición musulmana eran reflejo de que ya no se sentía atemorizados por su fuerza militar y sus políticas económicas. Muchos de estos países en franca rebeldía se negaron a continuar pagando su deuda externa con los Estados Unidos y todo aquel país que se mantuviese aliado a la bestia Yankee.

5 semanas después....

Ya la cena estaba servida.... La coalición musulmana y sus aliados había penetrado las defensas de los norteamericanos y sus aliados en Afganistán, era una verdadera masacre, El General Kalil había dado ordenes específicas de no tomar prisioneros y que cada uno de los capturados sea degollado y sus cuerpos arrastrados desnudos por las calles, ya el General Kalil conocía el pensamiento de los occidentales y esto provocaría una reacción en contra del presidente norteamericano donde su mismo pueblo lo presionaría para salir de medio oriente.

Efectivamente, las manifestaciones de protesta estremecían la nación norteamericana....era el momento que había esperado!!

El General Kalil y Adbul proponen un paro al fuego con la condición de una salida de los norteamericanos de Afganistán en 72 horas, solo los hombre y la ropa que lleven puestas, sin equipos ni armamentos, discontinuar el apoyo a Israel, públicamente pedir disculpas por todo el daño causado a las naciones musulmanas y una condenación de la deuda externa de todos los países de la coalición.

Para los norteamericanos, la única opción aceptable...atacar !!

Pentágono, Washington D.C.

General Paterson (Ejercito EEUU) en el War Room con el Presidente de los Estados Unidos y la plana mayor de las Fuerzas Armadas. 'Señor presidente, a esos bastardos salvajes debemos de darles una lección de una vez por todas.

Almirante Thompson (Jefe del Real Ejercito Británico) 'Estoy de acuerdo señor, ya nos han humillado lo suficiente, tenemos que demostrarles que nosotros tenemos control de la situación, no ellos.

El Presidente ya había oido esta canción antes y no tenía ganas de bailar 'Pero la verdad es que… ellos ya tiene el control de la situación y nos tienen entre la espada y la pared, si no accedemos degollarán lo que queda de nuestro ejercito en Afganistán e Israel estará a merced de ellos'.

'Al diablo con los Israelitas, estamos hablando de nuestra propia supervivencia, si no tomamos acción, quién dice que en 6 meses no estemos batallando a las puertas de este edificio? El General Paterson era una clara prueba de la línea dura nacionalista que arropaba los Estados Unidos.

Almirante Thompson como un buen caballero inglés, es mas medido pero no deja de ser realista 'Es cierto señor, la soberanía del Imperio Británico está en juego y si nosotros caemos, ustedes tendrán los días contados. Creo que debemos de hacer lo que sabemos hacer mejor, intimidar!'

'Es cierto señores, vamos a ver como reaccionan esos salvajes' contesta el Presidente. La respuesta al paro al fuego en Afganistán fue de rotunda negativa, los norteamericanos y sus aliados no se rendirán a terroristas.

En unos pocos días la batalla fue resumida, de la forma tan brutal como los musulmanes capturaban y asesinaban a sus prisioneros provocó que China y Rusia dieron un paso atrás en su apoyo, era la oportunidad que los EEUU esperaban..

En el Centro de Control de misiles el General Paterson esperaba ordenes 'Sr. Presidente, estamos listos'. Presidente: 'Adelante!'
(Rápidamente se hacen las confirmaciones de códigos para el lanzamiento)
'Fuego!' dice el General Paterson con voz aguda y con toda la seriedad.

Dos misiles con capacidad nuclear 5 veces mas poderosa que Hiroshima fueron lanzadas al Desierto de Nafud comprendido entre Irak y Arabia Saudita. Los EEUU sabía que las bajas serían muy pocas, la intensión era solo intimidar y demostrar su gran poder de exterminación si se les antojaba. Pero los norteamericanos no tomaron en cuanta las consecuencias reales por la cercanía de esta gran explosión.

Dicha explosión levantó tal cantidad de polvo y arena que oscurecieron el cielo, este polvo contaminó los manantiales, depósitos de agua dulce y mares cercanos causando la muerte de millones de especies marinas y la destrucción de la agricultura la cual provocaría una gran hambruna en la zona.

2 meses después..

Desde la caída de las bombas, las hostilidades habían cesado repentinamente, aún los pocos norteamericanos sobrevivientes en Afganistán seguían atrincherados, hambrientos pues aún no habían sido abastecidos.

El G. Kalil y Abdul astutamente deciden tomar el tiempo para fortificar sus posiciones secretamente y prepararse para el golpe final. No se podía dudar que la explosión nuclear los hubieran intimidado y que sus ejércitos hubieran sufrido por la falta de agua potable y comestibles, pero el plan debía seguir.

Los norteamericanos y sus aliados reorganizaban sus estrategias pues sabían que el conflicto no había terminado. Al lanzar sus bombas no tomaron en cuenta la opinión de China y Rusia que reafirmaban su apoyo a la coalición musulmana pues no fueron consultados por los norteamericanos ni sus aliados para el uso de armamento nuclear y esta bomba afectó de forma directa sus comercios sin contar con un drástico cambio en el clima que esparció el polvo del desierto a todo el planeta.

En República Dominicana las cosas habían empeorado para la familia Vega, los acontecimientos mundiales habían provocado la caída en picada de sus negocios turísticos y ese desastre arrastró los demás negocios de la familia. Los Vega solo contaban con sus inversiones en bancos extranjeros y sus cuentas millonarias, pero la entrada de capital fresco había mermado drásticamente.

Los aires de guerra se respiraban más fuerte que nunca, era inminente. Los hermanos Vega, como hombres de negocio no dejaron aprovechar la oportunidad para, a través de sus relaciones con el presidente de la República Dominicana obtener contratos de suministro textiles y armamentos al ejército dominicano. Los tiempos habían cambiado, las empresas debían cambiar también o desaparecerían por completo.

Ya hacía meses que Lai había llegado a Santo Domingo, ella y Diego habían iniciado un apasionado romance, aunque Diego se ausentaba frecuentemente por sus obligaciones militares y la reestructuración de las empresas el amor entre ellos aumentaba cada día mas…Aprovechaban cada minuto juntos…hoy descansaban en su villa privada en uno de los resort que brillaban por la ausencia de turistas.

'Diego, creo que es tiempo que regrese a Hong Kong mis padres están muy preocupados por la situación actual y la posible invasión haitiana'
'No, ni lo pienses, te quiero aquí conmigo, como está la situación es muy peligroso viajar en avión'
'Pero…Diego..'
'Diego nada.. (mientras tiernamente toma su hermosa cara entre sus manos) 'yo no te dejo escapar mi chinita adorada'. 'De verdad me amas Diego?'
Diego la mira con mucho amor 'Quieres saber cuanto? Espera aquí (va a otra habitación y hace un par de llamadas). 'Diego, pero que haces?
'Voy a salir unos minutos, pero solo quiero saber una cosa….Me amas tanto como te amo yo? Le pregunta Diego.
'Mas que a mi vida!' Le dice Lai dandole un dulce beso.
(Diego le regala una gran sonrisa sale corriendo a la puerta) 'No te muevas, vengo en seguida'. 'Qué piensas hacer loquito'.
Diego sale por unos minutos y luego regresa, se sienta pero no le dice ni una palabra.

Pasan 45 minutos…Tocan a la puerta

Un señor de la floristería, 'Señora Lai?' 'Si' responde.
'Firme aquí por favor' (Lai ve un enorme arreglo floral de rosas blancas)
'Pero..??' Se siente abrumada mientras recibe el enorme arreglo floral
'Parece que la quieren mucho señora'. 'WOW! Son hermosas, gracias'
'Señora, esas son las primeras, donde ponemos las demás' (señalando la van)
'Todas son para mi?'' Si, 10 arreglos de rosas de todos los colores señora'
'WOW! Bueno, póngalas dentro por favor'

Recién se alejaba la van de la floristería… Lai sale corriendo y se abalanza sobre Diego y lo cubre de besos y abrazos.
'Mi amor te amo, te amo'.(muchos besos)
(Alejándola un poco de él, se postra ante sus pies.. saca del bolsillo de su traje una cajita negra)
'Lai, mi adorada chinita (abriendo la cajita negra) Te quieres casar conmigo?' (Ve aquel inmenso diamante que brillaba como el Sol) 'Oh Dios mío, es en serio?' (Diego haciendo gesto positivo con su cabeza) Sip, Qué dices? 'Si,Si,Si,Si' (Saltando a sus brazos y besándolo fuertemente)

Gran risa y burla hacían algunos de los demonios que ocupaban la vida de Diego al demonio de la infelicidad, pues fue obligado a ceder su privilegiado puesto y moverse a uno de menor categoría, tuvo que moverse al asiento marcado con el nombre de Lorena, que aunque constantemente causaba disgustos a Diego, ya no lo afectaba como antes, pues su corazón pertenecía por completo a Lai. Con gran vergüenza el demonio de la infelicidad tomó cabizbajo su nuevo puesto, pero sabía que las cosas no se quedarían así, en su antiguo asiento había dejado suficiente excremento y su fuerte hedor impediría que el más feliz de los ángeles pudiese ocupar esa butaca.

El hedor del excremento del demonio de la infelicidad no tardó en alcanzar las narices de Diego pues Doña Dolores caía abatida por su incontrolable presión arterial, causándole una apoplejía del lado izquierdo del cerebro que la dejó postrada a punto de la muerte, dicha condición, la cual provocaba una total inutilización del todo el lado derecho del cuerpo de Doña Dolores no le permitía ni siquiera escribir para expresar lo que sentía, mucho menos hablar.

En realidad no era necesario, todos en la familia sabían quienes eran los causantes de tal desgracia. Los demonios de la preocupación, la desconfianza y el amor al dinero eran los causantes. Todos los demonios se declararon...................sin remordimiento alguno..........Culpables!

Uno de los demonios que Diego mas odiaba era el demonio de la hipocresía, demonio dominante en la vida de Lorena, ya radicada en la Ciudad de Miami, que al enterarse de la condición agónica de Doña Dolores telefoneo para saber de su condición.

'Diego, hola amor, cómo estás querido?' 'Lorena? Qué quieres ahora?'

'Ay! Pero no te comportes así conmigo, solo llamo pues me acabo de enterar que tu madre está muy delicada'

'Yo pienso que solo llamas para saber si ha muerto para planificar que combinación de vestido, cartera y zapatos usarás en su entierro, te conozco bien'. 'No seas cruel conmigo, solo me preocupo' (mientras ella se encuentra sentada tomando el Sol y tomando Piña Colada en su piscina en su mansión en Miami). 'Gracias por "tus preocupaciones", pero no las necesito'

'Si, también me he enterado que a tu noviecita la tienes llenas de regalos y flores, para esa boda si combinaré mi atuendo'

'No hables estupideces Lorena'. 'No te pongas así, ya estamos divorciados, puedes hacer lo que quieras querido' 'Tú siempre has sido tan fría'

'OK, no soportaré tus insultos, adiós, Chao chao, querido'

Las cualidades mal olientes no eran exclusivamente del demonio de la infelicidad, pues las axilas de los demonios de la preocupación, la ansiedad y la incertidumbre emanaban un hedor putrefacto y nauseabundo que obligaban a Diego a tapar sus orificios nasales con el pañuelo de las oraciones a Dios pidiendo protección a Rodrigo el cual aún se encontraba en Irak.

Diego se encontraba muy preocupado por su hermano Rodrigo que aun se encontraba en Afganistan, ya habían pasado muchos meses y aunque las negociaciones continuaban pero nada avanzaba, todos sabían que era caso perdido.

Diego llama a Rodrigo, 'Mi hermano cómo estas? ¿Cómo van las cosas por allá?' 'Hola hermano, no muy bien, todas las negociaciones han fracasado, la coalición sabe que tiene la sartén por el mango y no están dispuestos ha ceder en nada. Dime y allá, qué tal?'

'Rodrigo….mamá se está muriendo…ese stroke le dio muy duro y los médicos no creen que sobreviva'. 'Ay Diego, no puedo creerlo todavía'

'Si, no creo que sobreviva esta semana'. 'Bueno Diego, confío en que si pasa lo peor arreglarás todo, sabes que no puedo ir, en realidad, creo que no me dejarían ir hasta que el gobierno dominicano públicamente defina su inclinación en este estúpido conflicto'

'Estoy muy preocupado Rodrigo, estamos preparados para un ataque inicial, pero no se cuanto tiempo soportaríamos'

'Diego..te acuerdas cuando éramos pequeños y me enfrasqué en una pelea con 4 ó 5 muchachos y tu, sabiendo que no podríamos con todos ellos tomaste un rifle de papá y empezaste a disparar de lejos para ahuyentarlos?'

'Si, y eso que tiene que ver Rodrigo?'

'Quiero que hagas lo mismo ahora, si has de involucrarte…hazlo desde lejos. No quiero que te arriesgues mucho'.

'Hey! El que debe dar consejos aquí soy yo (le dice en carcajadas)'

'Es en serio mi Diego'

'Lo sé, cuídate tú también. Hablaré con el presidente a ver como te puedo sacar de allá'

'No sabes cuanto anhelo volver a ver mis hijos, beberme una cerveza y darme un buen baño en la piscina, ya esta politiquería me tiene cansado'.

'No te preocupes, los niños están conmigo. Sabes? Lai y yo nos vamos a casar'. 'Cuanto me alegro, ya es hora que seas feliz de verdad. Diego….Si algo me llegara a pasar…'

'No hables de eso, sabes que..' 'En serio Diego, quiero que cuides bien a mis hijos y los críes como tuyos'. 'Si algo así pasara, les recordaría todos los días lo grande y aventurero que fue su papá, no te preocupes, obviaré lo de mujeriego' (ríe a carcajadas). 'Si por favor' (también ríe a carcajadas)

'Cuídate Rodrigo, te llamaré desde que hable con el Presidente'

XVIII

Reunión del Presidente Haitiano Jean Pierre(PH) y el Presidente Norteamericano J.J. Scott (PNA)

La Casa Blanca, USA...

Cordialmente el PNA recibe con todos los honores como Jefe de Estado que indican los protocolos presidenciales al PH pero en realidad, a nivel personal al parecer los dos presidentes no se agradaban pero tenían intereses en común muy importantes que debían desarrollar.

El PNA lo recibe en la oficina oval, lo invita a sentar y los demás ministros salen del la oficina (Era una reunión clasificada al mas alto nivel)

Después de varios saludos, preguntar por la familia y la salud y demás boberías que son protocolares pero a nadie le importaba en lo mínimo...El PH no pierde tiempo en sus reclamos... 'Sr. Presidente, (con una sonrisa sarcástica) cuando piensa usted tomar acción?' 'Aún estamos planificando Sr. Pierre'. El PH respira profundo en señal de disgusto 'Ustedes tienen mas de 5 meses planificando, aún necesitan mas tiempo?'

'Usted sabe que tenemos otros problemas que resolver, tenemos varios frentes abiertos y como sabe las cosas no van bien en Medio Oriente, hay que tener paciencia'. El PH adopta un gesto mas agresivo.. 'Mientras usted resuelve sus "otros" problemas mi gente se muere de hambre, ya no podemos esperar mas, además mis tropas se desmoralizan de tanto esperar, Sr. Presidente Scott ahora es el momento de actuar'.

'Pierre (ya tutiandolo) espere un poco mas, por favor, no sea impaciente, nosotros sabes lo que hacemos'. La falta de sinceridad era evidente, el PNA camina por la oficina, se sienta en la esquina de su escritorio, le da vueltas... era evidente que se sentía incómodo y sentía que los malditos protocolos lo obligaban a tener que dar explicaciones al "negrito". Solo Dios sabe lo que estaba pensando. El PH no era estúpido, desde pequeño había sufrido discriminaciones y burlas por su pequeña estatura y sus 140 libras solo alcanzadas con saco y corbata, pero su patético talante no le quitaba inteligencia, era graduado de las mejores universidades francesas con varios masters. Sus experiencias tratando al hombre blanco le había enseñado a percibir cuando era despreciado, ya eso no lo intimidaba.

'Presidente Scott, Le puedo hablar francamente?'

'Si claro, hable francamente'

'Sabe usted porqué ustedes se encuentran en esa situación en Medio Oriente? Sabe porqué?.... Yo le diré (levantándose de su asiento y rompiendo el protocolo) porque al parecer ustedes cambiaron sus testículos por ovarios y se preocupan mas si sus bebes soldados se van a lastimar las uñas luchando... póngase los pantalones Sr. Presidente y déjese de pendejadas'.

EL PNA no puede creer por la insolencia del hombrecito 'Controle su vocabulario señor, acuérdese que está en mi oficina no en un campo de Haití!

'Y usted amarre sus pantalones señor! (Se gritan uno al otro)

Son interrumpidos por sus asistentes pidiendo la calma. El General McCoy entra a la oficina y se queda a escuchar la conversación...

'Bien, ...que usted de verdad quiere, dígame?'

'Ya tengo 100 mil tropas adicionales que he entrenado secretamente en los últimos 5 meses, tomaré esas 100 mil tropas e invadiremos República Dominicana, contamos con el apoyo de mas de millón de haitianos que ya viven allá, la meta es expandir nuestra frontera y como usted sabe vamos a dividir la isla por la misma mitad, ahí nos detendremos y nos reagruparemos. Ahora...si las cosas van bien y logramos derrotar a los dominicanos de forma aplastante y vemos que no van a tener la capacidad de contrarrestar o de resistir nuestra avanzada...tomaremos la isla completa, en realidad nos pertenece!. Con los 25 mil soldados que se encuentran ahora en Carolina del Norte, tomaremos 15 mil, que junto con sus tropas en Guantánamo tomaremos la parte oriental de Cuba hasta Camagüey, eso pasará a ser territorio haitiano, con los otros 10 mil los ayudaremos a tomar la Habana con no menos de 100 mil tropas norteamericanas para asegurar la victoria, se que tendremos muchas bajas, los cubanos lucharán hasta el último hombre pero no se preocupe, con el poderío aéreo de ustedes los doblegaremos. Y no se preocupe... públicamente admitiré que solo colaboramos un poco, para que ustedes se lleven toda la gloria, nosotros solo queremos tierra. Mi gloria estará en la reconquista de Santo Domingo después de más de 150 años de humillaciones'.

El PNA mientras lo mira como un perro curioso 'Su propuesta es muy ambiciosa señor'

'Mi propuesta ambiciosa? En serio lo pregunta? Donde estaba usted cuando ustedes invadieron Irak? Y no insulte mi inteligencia con la excusa de la libertad, todo el mundo sabe que solo les interesa controlar el petróleo, usar todas sus casi oxidadas maquinas de guerra para reactivar la industria armamentista y sus compañías constructoras después de la devastación'.

'Es usted un hombre muy astuto señor Pierre'

'Usted considera que eso es astuto? Mi hijo de 14 años hizo ese análisis! De verdad ustedes creen que engañan a alguien? Por favor ! En que mundo viven ustedes?'. El PNA traga en seco con una leve tos 'mmmm dígame cuando usted "sugiere" que comencemos' (muy sarcásticamente le pregunta)

'Lo antes mejor, todo el mundo sabe que las tropas musulmanas se reagrupan para tomar Afganistán y arrasar con Israel, debemos actuar antes para demostrar que los EEUU aún tienen poder de acción y que nada los asusta'

'Y abrir otro frente de batalla? Cree que eso es buena estrategia?'

En este momento el PH siente que por fin tiene la atención y el respeto que se merecía..se levanta de la silla, le da la vuelta y pone sus dos manos en el espaldar, inclina un poco la cabeza, quiere asegurarse que el PNA tenga los oídos bien abiertos 'Todos pensarán que los EEUU tienen algo "guardado" que pueden empezar otra guerra en el otro lado del mundo sin inconvenientes, eso los asustará por un buen tiempo y atemorizarían a cualquier otro país a actuar en contra de ustedes'.

General McCoy interviene 'El tiene razón Sr. Presidente, hagamos trizas a los cubanos de una vez por todas, demos una seria demostración de fuerza'.

El PNA queda pensativo por un minuto 'OK, me gusta la idea pero los dominicanos siempre han sido buenos amigos y colaboradores, no me siento bien haciendo esto, que usted cree General McCoy?'

'Es cierto que los dominicanos han sido buenos socios comerciales y buenos amigos pero los beneficios que lograremos serán mayores pero lo noto inseguro señor Presidente'

El PH no pierde ni una oportunidad de influenciar para concretar sus ambiciosos planes 'Nosotros seremos sus nuevos amigos y colaboradores Sr. Presidente, ustedes tendrán exclusividad en todos los aspectos de nuestra economía mientras yo sea presidente'. El General McCoy le da un gesto positivo con la cabeza al PNA. El PNA queda convencido "General….dele luz verde a las operaciones". Todos sonríen, se dan las manos y termina la reunión…las cartas estaban sobre la mesa…el juego había terminado, la suerte estaba echada.

XIX

Irak..

En uno de los Palacios construidos por el fallecido Saddam Hussein, remodelado y convertido en toda una residencia real.
Mohamed, promocionado a la posición de asistente personal del General Kalil, entra a la oficina del general y lo nota pensativo... 'Que le pasa su Majestad? lo noto muy pensativo hoy'

El General Kalil se había proclamado Rey! Su nuevo nombre era Su Real Majestad Xerxes II EL Grande, El Enviado por Alá, El Gran Protector de Irak

'Pienso en mi pobre hijo asesinado, esos americanos malditos mataron mi niño' (Un bombardeo norteamericano había alcanzado la residencia del General Kalil en un intento de asesinarlo años atrás cuando era el #1 de Saddam Hussein, solo logrando destruir la residencia y matar a su primogénito y su niñera)
'Estoy seguro que el se encuentran en los brazos de hermosas vírgenes en el paraíso bendecidos por Alá' Mohamed tratando de darle algún consuelo.
'Aún así, lo extraño mucho, el era todo para mi, mi sangre, mi heredero..' se ven lágrimas corriendo por sus mejillas, lágrimas que se perdían entre sus gruesas barbas, así como se perdía su felicidad al pensar en él)
'Pronto tendrá su venganza Su Majestad, muy pronto! Ya prácticamente los ha sacado de nuestra tierra, buscaremos la forma de totalmente erradicarlos, seremos como la peor plaga y los torturaremos día y noche'
A Xerxes II, le sorprende lo que acababa de decir Mohamed, fue como una luz de esperanza 'Que dijiste?....Si.......Mohamed.... eso es..., eso es'
'Qué cosa su majestad?' el aún no capta lo que acaba de decir.
'Mohamed, cuando yo estaba prisionero leí su Biblia para entender como pensaban y de lo que eran capaces, solo conociendo el enemigo podemos vencerlos. Si....., casi se me olvida. Mohamed, reúne el consejo de guerra para la semana siguiente, llama a Abdul Bin Laden, tengo el plan perfecto para vengar a mi hijo. Solo con la sangre de los infieles vengaré su muerte.

Tocan la puerta del despacho de Su Majestad Xerxes II....

Xerxes II le hace señal a Mohamed para que vea quien lo procura...

El mayordomo del palacio entra y después de hacer la reverencia protocolar le dice 'Su Majestad, el representante de la República Dominicana desea verlo
'Que pase' exclama el nuevo rey.

Era Rodrigo... 'Buenos días su alteza'
'Coronel Vega, pase, gusto verlo'. 'Su Alteza, mi gobierno me ha llamado de retorno a mi país, mis funciones han terminado aquí, quería agradecer personalmente todas sus atenciones'
'Y cual es la posición oficial de su gobierno Coronel?'
'Solo sé, que al parecer seremos invadidos por la República de Haiti apoyados por los norteamericanos'. 'Eso significa que están con nosotros?'
'Extraoficialmente, supongo que si su Majestad'.
'Bien, dígale a su gobierno que son bienvenidos a la coalición, aunque no exigiremos tropas, solo su apoyo moral, con eso bastará, les supliremos todo el petróleo que necesiten gratuitamente mientras mantengan su apoyo a nosotros, indirectamente usarán nuestro petróleo para luchar contra los haitianos y los americanos si intervienen también, hablaré con el Presidente de Venezuela para que los apoye con lo necesario.
'Le informaré a mi gobierno de su propuesta'. 'Coronel Vega, usted me parece un hombre digno, de buena familia, honorable'
'Muchas gracias su Alteza' mientras ligeramente baja la cabeza.
'Quiero que se quede, quiero que todo el mundo vea que no somos enemigos de los cristianos, solo de los opresores imperialistas. Vendrán tiempos muy difíciles Coronel, quiero que tenga mente abierta'. Eso fue como un balde de agua congela en una espalda caliente... 'Que me quiere decir majestad'
'A su debido tiempo Coronel, a su debido tiempo. Puede retirarse'

Después de la despedida protocolar y muchas reverencias exigidas por el nuevo rey, Rodrigo se retira de su presencia pero se retira con un sentimiento, un sentimiento de un vacío muy profundo. Ya había tenido hermosas fantasías imaginándose de nuevo en su hermosa mansión, sentado frente a su gran piscina con una cerveza bien fría rodeado de sus hijos. El demonio de la tristeza empezaba a tomar un asiento preferencial en la vida de Rodrigo. Regresar a casa era su único deseo.

'Qué le quiso decir con eso su majestad' pregunta Mohamed.
'El Coronel Vega es buen hombre, buen cristiano, necesito saber lo que es ser buen cristiano, así conoceré a fondo las debilidades de mis enemigos'
'Excelente plan su Alteza!, Excelente!!'

República Dominicana…

Solo habían pasado 3 días de la reunión de Rodrigo con el nuevo Rey Persa cuando se dio público el anuncio del apoyo de la República Dominicana a la coalición musulmana empujada por la inminente invasión haitiana apoyados por los norteamericanos.

Consejo de Guerra en el Ministerio de Las Fuerzas Armadas….
9:00 am

El Presidente de la República Dominicana encabeza la reunión 'Señores ha llegado el momento de actuar, nuestra inteligencia nos informa que seremos invadidos en las próximas 48 horas. Pero como les había informado anteriormente, a mí nadie me arrebata mi país, ni los haitianos ni los gringos.
El General Martínez interviene 'Que propone señor?. 'Ellos esperan invadirnos cierto? Bueno, al parecer lo último en sus mentes es que nosotros los ataquemos primero'.
General Soto sorprendido por lo dicho por el presidente reacciona inmediatamente 'Atacar primero?'. '
'Exactamente!' (Exclama el presidente) 'El elemento sorpresa los confundirá, por lo menos temporalmente, estuve conversando con los presidentes de Bolivia, Chile, Argentina, Brasil y Venezuela y nos darán su apoyo militar, ellos no esperan eso'. 'En hora buena' el General Martínez dice con alivio.
'General Soto, comuníquese con el Coronel Diego Vega, reúna la plana mayor, debemos elaborar un plan de ataque que debemos implementar en menos de 24 horas'. 'En seguida señor' mientras levanta el teléfono.
'Les espera tremenda sorpresa, solo me conocen como el intelectual, hombre de paz y negociador, ahora conocerán el patriota que luchará hombro a hombro en las trincheras para defender la soberanía nacional.
Todos quedan sorprendidos por la agresividad del presidente, cualidades ocultas por sus pausadas y tranquilas actitudes conocidas por todos.

10: 00 pm…Consejo de Guerra reunión de ultimo minuto…

'Ya estamos de acuerdo señores, todos saben que hacer, hora de inicio, 05:30 horas. Nuestros aliados venezolanos, ecuatorianos, bolivianos y brasileños han reiterado su apoyo y estarán en posición. Cuento con uno y cada uno de ustedes para defender la patria'. Diego, presente en la reunión es un hombre clave en la iniciativa 'Ya nuestros voluntarios civiles se encuentran bien armados y en posición en caso de no podamos contener el ataque haitiano. Le haremos una guerra de guerrilla por cada paso que den'.
PD le da un espaldarazo 'Bien hecho Coronel'

El General Soto, el mas bravo de los bravos, el mas patriotas de los patriotas se encuentra emocionado que por fin va a tener la oportunidad de poner en practica tantos conocimientos acumulados por mas de 25 años de servicio militar, la mas grande de las oportunidades…defender la patria 'Señores, brindemos por la victoria y que Dios, Jesús y el Espíritu Santo los acompañe en todo momento de la batalla. Viva la República Dominicana!'

Todos los presentes: Que Viva!!

05:15 a.m.

Diego no había dormido nada aquella noche preparando hasta el último detalle aquel ataque improvisado, reinaba el nerviosismo, hacía mas de 40 años que la República Dominicana gozaba de paz, pero en 15 minutos aquella paz terminaría.

Diego había sido encargado de reunir y posicionar a los reservistas civiles que hace mas de 6 meses entrenaban secretamente y estaban a cargo de la logística. Como buen conocedor del territorio haitiano y su gente, fue asignado asistente especial del Jefe de la Fuerza Aérea Dominicana.

Como lo había hecho cada día en los últimos años, Diego se arrodilla, entrelaza sus dedos y pide al Señor por una señal, por una guía que lo ayude a tomar el próximo paso sabiamente. Diego había sobrepasado golpes duros que no cualquier homo sapiens tiene la capacidad mental de soportar... muertes, enfermedades, infidelidades, traiciones, engaños, estafas y ahora....guerra! A pesar de tantos golpes, su fé en Jesus, su fé en el Altísimo se hacía mas y mas fuerte, sentía que solo la fortaleza de esa luz divina lo mantenía de pié, esa fé lo mantenía vivo, le daba consuelo, había limpiado su corazón de tantas angustias. Diego estaba espiritualmente preparado para morir y si en la batalla que se aproximaba, él caía, en paz su alma descansaría. Jesus.... era su escudo!

5:30 a.m.

General Soto, en la frontera con Haití, revolver en la cintura, en la cima de una colina que miraba hacia el lado haitiano, rodeado de sus oficiales mas destacados, da la orden: *Fuego!*

Los primeros cañones retumban el cielo y la tierra, el ataque había comenzado, los aviones de la Fuera Aérea Dominicana sobrevolaban a Puerto Príncipe descargando todo su arsenal, las tropas dominicanas empezaban a cruzar la frontera por diferentes puntos, todos apuntando a la capital haitiana, Puerto Príncipe.

El plan era sencillo...........

Atacar con todo lo que tenían a la capital haitiana y aislar el sur del país cerrando el paso a las fuerzas del norte. Las fuerzas armadas de los países aliados bombardearían desde sus destructores toda la capital haitiana hasta el ingreso de las fuerzas dominicanas desde la frontera y los marinos dominicanos desde el Destructor Venezolano Simon Bolivar desembarcarían en sus playas y tomarían la ciudad. Las Fuerzas ecuatorianas, bolivianas y brasileñas se encargarían de cortar el paso de las fuerzas haitianas del norte en un intento de recobrar la capital. El Presidente dominicano estaba seguro que los haitianos no lucharían sin su líder, mucho menos invadirían a la República Dominicana teniendo su capital ocupada por fuerzas extranjeras. Los cubanos solo intervendrían si se viola su territorio. El Gobierno Cubano conocía las intensiones invasoras haitianas pero esperaría hasta el último momento para entablarse en una guerra.

Las fuerzas haitianas apostadas en Carolina del Norte, al enterarse de la invasión dominicana a su territorio zarparon inmediatamente hacia Haití, los norteamericanos como habían sospechado, no intervinieron.

La lucha era cruenta, los haitianos, como nación orgullosa también luchaba aguerridamente por su país, las bajas de ambos lados eran incontables.

El General Louverture, encargado de las fuerzas del norte haitianas, hombre orgulloso, educado militarmente en los EEUU dirigió victoriosamente sus tropas por el río masacre al norte del país, rompiendo el cerco dominicano. El también imaginó que las fuerzas dominicanas no podrán mantener un ataque a Puerto Príncipe si la RD era invadida por el norte. Las tropas haitianas entraron en Dajabón y Monte Cristi y prácticamente exterminaron a la población que luchó cuerpo a cuerpo, machete en mano contra los invasores.

El General Louverture frenó sus fuerzas en espera de las 10 mil tropas en camino desde Carolina del Norte y voluntarios de Miami, Florida que desembocarían en Cabo Haitiano. Estas tropas contarían con todo el apoyo de los norteamericanos apostados en Guantánamo para desembarcar en Cabo Haitiano.

Cuando las tropas norteamericanas en Guantánamo se disponían a zarpar a brindar apoyo a las tropas haitianas sorpresivamente se vieron en la oscuridad, en la oscuridad de la boca del Viejo Lobo, las tropas revolucionarias cubanas atacaron ferozmente a las desprotegidas fuerzas norteamericanas atrapadas entre tierra y mar.

Los cubanos, muy bien armados y entrenados, sabiendo que su patria también corría peligro, les cayeron a las desprevenidas tropas americanas como un enjambre de avispas....Guantánamo cayó en cuestión de horas. Pero a diferencia de los musulmanes que degollaban a sus prisioneros, Cuba los mantuvo vivos, era su única arma negociadora si los norteamericanos llegaban con todo su poderío.

Las tropas haitianas en camino a Cabo Haitiano desconocían la caída de los norteamericanos en Guantánamo, esperaban tranquilamente en el Canal de los Vientos entre Haití y Cuba por los norteamericanos....

Pobres infelices! Al ver acercarse un destructor y varios navíos de guerra gritaban de alegría y disparaban al aire...

Sorpresa!!!
Su alegría se convirtió en pesadilla cuando vieron las banderas dominicanas, venezolanas y cubanas que orgullosamente ondeaban en sus astas.

Error!!
Varios soldados haitianos empezaron a disparar a los buques.... En hora y media de batalla naval....los haitianos invasores no eran más! Sus cuerpos..sus cuerpos esparcidos por el mar... su sangre fue la carta de invitación a miles de tiburones al mas grande festín de la historia, devorados fueron. Su bandera, junto con sus naves, al fondo del mar fue a parar.

Los demonios de la muerte, el terror y la agonía montaban los tiburones como verdaderos cowboys en un rodeo, disfrutando de aquel festín de carne haitiana.

Los norteamericanos en su forma fría y calculadora de ser, solo observaron desde sus satélites los acontecimientos, el plan haitiano había fallado, pero la guerra aún no estaba perdida, solo era la primera semana de batalla y ya tenían la excusa que necesitaban para acabar con los cubanos por atacar tropas norteamericanas en Guantánamo. Deciden actuar de una vez por todas.

Titulares en periódicos norteamericanos: <u>Cuba ataca Guantánamo!!</u>

Eso despertaría la indignación del pueblo norteamericano y el apoyo para invadir Cuba y remover los comunistas del poder. Sin duda alguna esta era una guerra de oportunidades!. Aunque ya los EEUU no contarían con el apoyo de las fuerzas haitianas en la invasión a Cuba pero la guerra dominico-haitiana mantendría a los otros países latinoamericanos ocupados y no intervendrían en Cuba. Para los USA, solo eran dos peones mas en el tablero de ajedrez....insignificantes!

En menos de 12 horas de la caída de Guantánamo ya habían empezado los bombardeos norteamericanos a las posiciones militares cubanas. Sí, sin duda alguna...era una guerra de oportunidades...La invasión a Cuba abrió la brecha que esperaban Xerxes II y Abdul Bin Laden.

XXI

El libro del Apocalipsis era un tema importante a tratar en la estrategia de guerra contra los infieles yankees y sus secuaces.

Abdul Bin Laden señalando a Xerxes II en el libro del Apocalipsis 'Tomemos esta parte sobre el anuncio de las trompetas para establecer nuestro plan. La primera, segunda, tercera y cuarta trompeta hablan sobre granizo y fuego del cielo, de la muerte de una tercera parte de los animales marinos, sobre la caída de una estrella llamada Ajenjo y el oscurecimiento del cielo por causa de la explosión.
Xerxes II esta curioso 'Ok, Y qué con eso?'
'Mira Kalil (como eran amigos, Abdul lo seguía llamando por su nombre, por lo menos a solas) 'si lo vemos bien, algo parecido ha pasado con la caída de la bomba nuclear lanzada por los americanos en el desierto, ves la relación?
'Si, claro. Y hace 5 meses de esos acontecimientos'
'Exacto! Nosotros nos encargaremos de continuar la historia, todos nuestros enemigos pensarán que somos la Bestia y el Falso Profeta, que el mundo está llegando a su fin, jajaja'
Lalalalá, lalalá canta el Demonio de la Muerte mientras prepara el teatro para la gran fiesta que había organizado, ya los invitados empezaban a llegar…

Al día siguiente empieza el plan de terror….

Xerxes II ordena pintar todos sus tanques y unidades móviles con dibujos que reflejen dientes de leones y cabelleras de mujer. Le ordena a sus compañías de chips electrónicos elaborar un chip que pueda ser llevado debajo de la piel, colocado en la mano derecha o en la frente de cada persona y detectores de señal de estos chips en todos los establecimientos públicos y privados. Toda persona que no tenga este chip se le tendrá prohibido comprar o vender nada, serán arrestadas y condenadas a prisión por ser considerada enemiga del Islam, El Rey Xerxes II y Abdul Bin Laden.

Se ordena la construcción de estatuas al Nuevo Padre de la Patria Iraquí, Su Majestad El Rey Xerxes II y del Enviado de Alá Abdul Bin Laden, protector de todos los musulmanes y la Fé islámica, hermano de Mahoma, el nuevo profeta. Quién osaría no venerar a los enviados de Alá? A los libertadores del yugo imperialista yankee?

Para los musulmanes ignorantes de las profecías Apocalípticas (la lectura de la Biblia es prohibida bajo pena de muerte) la idea del chip de identificación era una idea que solo a los enviados de Alá se les pudo ocurrir, de esa forma detectarían a los enemigos del Islam y los extranjeros indeseables. Inteligentemente Xerxes II crea 6 frases dándole gracias por liberar al país, 6 frases dando gracias a Abdul Bin Laden por ser un enviado de Alá y 6 oraciones nuevas venerando Alá.

¡Sin el 666 no se llega al Paraíso, es el lema! Estas 666 arrasaron por todo el Islam, cada hombre, mujer y niño deberían recitar sus 666 cada día, por supuesto con una fotografía del Rey Xerxes II y Abdul Bin Laden a su lado.

Xerxes II y su grupo de manipuladores de la Fé cristiana descubrieron algo curioso... los números 666 no solo representaban a la Bestia tan temida por los cristianos, pero si se multiplicaba 6x6+6=42! Este era el número de meses que indica la Biblia que predicarían los dos profetas enviados por Dios en la tierra dominada por la Bestia y su falso profeta. Los más fanáticos vieron otra excelente forma de manipulación,... los mas sosegados, pensaron que las coincidencias eran verdaderamente reales, claro, nunca se atrevieron a expresar sus verdaderos temores pues serían acusados de creer en la Fé cristiana y serían ejecutados inmediatamente.

Los dedos corruptos del Rey Xerxes II y sus manipuladores llegaron a las mismas entrañas de la Iglesia Católica en el Vaticano, obteniendo archivos personales secretos de 42 altos oficiales de la Iglesia que habían cometido graves faltas entre las que se encontraban actos de corrupción, lavado de activos, violaciones sexuales, homosexualismo y otras aberraciones. Estos archivos habían sido ocultados por la Iglesia al público para no dañar más la pobre imagen que tenía la Iglesia y detener la arrolladora fuga de fieles a otras religiones. La Nueva Monarquía instaurada por Xerxes II sobornó a uno y cada uno de estos religiosos a cambio de mantener sus récords criminales en secreto, que declararan en público que el final estaba cerca, que era inminente el fin del mundo.

El plan surgió efecto!

Una histeria mundial se apoderó de todos los cristianos, caos total en el mundo. Suicidios masivos, histeria colectiva, caída de la bolsa de valores y lo mas importante, la deserción de mas del 60% del los soldados del ejercito norteamericano y sus aliados. Todos dejaban las armas a un lado y abarrotaban las iglesias buscando perdón por sus pecados. El momento clave había llegado, como viento de huracán las tropas musulmanas arrasaron las posiciones norteamericanas y sus aliados en Afganistán, más de 30 mil soldados cayeron bajo la espada Persa. No hubo un solo sobreviviente.

Producto de estos acontecimientos, las fuerzas norteamericanas que habían desembarcado en Cuba empezarían a perder terreno, los cubanos, muchos de ellos ateos sin ataduras espirituales arreciaron sus ataques para liberar a su país, miles de jóvenes americanos fueron capturados, pedían clemencia, ya no querían luchar, solo querían volver a sus hogares y estar con sus familias para esperar el final de los tiempos.

Las fuerzas israelitas, no creían un ápice de la propaganda de los persas y mucho menos las escrituras del Apocalipsis, eso los tenía sin cuidado, se concentraban en preparar sus defensas contra los musulmanes que como mazo daría en sus cabezas hasta hacerlos sangrar y pedir por sus vidas.

Los Israelitas tenían años combatiendo las fuerzas musulmanas pero siempre disfrutaron de una mano protectora que los guardaba de todo mal, pero ahora, a esas manos les habían cortado las venas y sangraban profundamente, solo contaban con su Dios, pero su Dios, como Samurai enfurecido alzaba su espada en posición de combate pues la hora de vengar a su hijo y las desobediencias había llegado.
Sus defensas fueron inútiles!

Alegremente los demonios en el infierno disfrutaban de un día al Sol infernal, todos sentados alrededor de la piscina, la cual era llenada por la sangre que se filtraba desde la tierra prometida. Unos...felizmente chapoteaban, otros sentados en hermosas sillas construidas con los huesos de los israelitas que caían bajo la espada persa, otros...jajaja, otros protegían su corrugada piel con la grasa de que se desprendía de los cuerpos quemados aún vivos, que se resistían aceptar a Alá como su Dios, hermosos se veían aquellos pequeños demonios correteando alrededor de aquella piscina, verlos como saltaban desde el trampolín abriendo sus alas ennegrecidas por la maldad y cayendo en picada salpicando de sangre a todos los presentes, sin duda, era un hermoso día familiar...en el infierno!

La colación musulmana y sus millones de nuevos aliados (por Fe Islámica o por temor) formaban un ejército de más de 50 millones de personas dispuestos a dar sus vidas por su libertad, Alá, su nuevo Rey y Abdul Bin Laden. Estratégicamente solo dejaron a Jerusalén en pié, deseaban que todo el planeta viera como rogaban los israelitas por sus vidas, como rechazarían a su Dios para aceptar a Alá.

El mundo debía ver como los enviados de Alá tomaban posición de la Tierra Santa y con la sangre de los rabinos israelitas lavarían la tumba del hijo de exGeneral Kalil el cual fue elevado a Principe mártir.

En toda la historia de la humanidad nunca hubo más dolor, llanto, tristeza y sangre. Muchos musulmanes consideraban que se había derramado ya suficiente sangre, pero para Xerxes II y Abdul aún sus gargantas estaban sedientas. Xerxes II y sus manipuladores se reunieron con los más importantes rabinos de Jerusalén y les solicitaron que buscaran las 144 personas más sagradas y puras en todo Israel, a ellos y a los 144 mil les perdonarían la vida en un acto de misericordia a lo cual accedieron.

Al reunir los 144 y los rabinos mas importantes… Xerxes II en persona empezó a decapitar a los rabinos, fue un salvajismo inimaginable. Para Xerxes II, cada cabeza que rodaba calmaba su sed de venganza por la muerte de su hijo.

El Nuevo Papa, Francisco II, siguiendo las enseñanzas y ejemplo de los difuntos Papas Juan Pablo II y Francisco I ofreció ir de rodillas a pedir clemencia por estos inocentes. Xerxes II y Abdul aceptaron y las ejecuciones fueron suspendidas….temporalmente.

Mientras en Rep. Dominicana…

La guerra continuaba, la economía..un desastre! Los gastos de la guerra absorbía sus reservas como un moribundo sediento. Se habían hecho grandes avances y las tropas haitianas empezaban a perder terreno y retroceder, sus ejércitos en desorden por falta de disciplina algo que ya Diego había predicho que sucedería pues la falta de disciplina, higiene, desorganización y arrabalismo corren por las venas del haitiano analfabeto, de campo, de barrio como el peor de los virus que ha impedido que esa raza pueda superar la extrema pobreza acompañada por gobiernos corruptos que el bienestar de su población es lo último en su agenda y ese descuido había llegado a las filas de su ejercito.

Rodrigo, muy pendiente de lo que pasaba no solo en medio oriente pero en la Rep. Dominicana se encuentra muy preocupado por Diego, sabía que Diego estaba en la primera fila en el frente de batalla y una bala haitiana podría alcanzarlo en cualquier momento. No menos preocupante era lo que él mismo veía a diario en medio oriente, decide llamar a Diego, el mismo no sabe si Xerxes II tornaría su odio hacia "cualquier" cristiano incluyéndolo a el pues Rodrigo a descubierto sin querer algunas cosas que de enterarse Xerxes, lo mandaría a fusilar.

'Diego, hermano' Diego salta de la sorpresa de la llamada de Rodrigo.
'Por Dios, donde estas? Hemos visto por TV las ejecuciones, es horrible. Ese Xerxes es el mismo Satanás'.
'No, para eso te llamo, no puedo hablar mucho pero debo decirte que todo es un engaño'. (Le dice mientras mira hacia todos lados)
'Cómo que engaño?. 'Amigos míos cercanos al régimen me dijeron que todo lo que ha acontecido en los últimos meses fue planificado y hacer parecer que era el fin de los tiempos y que todo lo que dice la Biblia en el Apocalipsis se estaba cumpliendo para lograr acabar con sus enemigos'
'Rodrigo, estas seguro de esa información? No te puedo creerlo'
'Si Diego, es cierto, fíjate, siguen el Apocalipsis al pié de la letra. Pero lo peor está por pasar, el Santo Papa van a ser asesinado en 42 meses y su cuerpo será expuesto al público por 3 días y medio, y luego asesinarán a los 144 y con eso quedaría establecida la victoria de Alá sobre todas las religiones del mundo. Xerxes habrá vengado a su hijo e Israel ya no existirá jamás y las tierras santas serán entregadas a los palestinos'
'Rodrigo, que tu estas fumando por allá? no puedo creer eso, eso suena a pura fantasía' Diego considera esa historia tan absurda que pierde interés en seguir oyendo esas cosas.

El muy sabio Rey Xerxes II lo había planificado muy bien, su plan era perfecto en todos los sentidos pues hasta Diego, un hombre con una mente abierta no creía que todo fuera una treta, una estrategia muy bien planificada. Rodrigo estaba seguro de lo que decía, sus informantes eran de plena confianza... 'Crees que me voy a arriesgar a decirte esto sin ser verdad, debes informar al gobierno dominicano y ellos a todos los demás gobiernos. Me tengo que ir, adiós' (Rodrigo notó una persona extraña mirándolo)
'Rodrigo? Rodrigo? Aló'? Aló'?'

Diego hizo eco de esta denuncia, pero nadie le escuchó, por miedo o conveniencia, quién se enfrentaría a un ejercito de millones de fanáticos?
¿Quién arriesgaría llevar su país al desastre económico?

Mientras tanto la guerra dominico-haitiana continuaba, el General Louverture había demostrado ser un excelente estratega y líder, combatiendo y derrotando las fuerzas dominicanas encontradas a su paso apoyados por los ciento de miles de haitianos residentes ilegales de la República Dominicana que se unían al ejercito día a día. En un mes había ocupado las ciudades de Dajabón, Montecristi, Pedro Santana, Puerto Plata, La Descubierta, Las Matas de Farfán hasta las puertas de la Ciudad de San Juan de la Maguana donde fueron detenidos. Miles de hombres, mujeres y niños haitianos en todo el territorio dominicano se unían a sus fuerzas en busca de protección y concesión de tierras.

Los mismos haitianos dejaban la República de Haití para ir a pelear junto al General Louverture. ¿Para qué defender tierra que no produce nada? Lucharían por tierras fértiles como las dominicanas, especialmente las fértiles tierras del norte y el valle de San Juan de la Maguana(centro de la isla hasta donde piensan establecer la futura frontera).

Era cierto…el hambriento no puede ver mas allá del plato de comida que se le presenta! Los haitianos en su desesperación habían olvidado lo que era tener una patria, solo les importaba obtener tierras nuevas. Estas invasiones ofrecían mas que tierra, aprovechaban toda la infraestructura que estaba establecida y funcionando. Ahora los dominicanos atrapados en el conflicto, pasarían a ser los servidores.

En Cuba los norteamericanos deciden hacer una retirada forzosa y humillante. Los cubanos habían capturado más de 40 mil soldados norteamericanos, la mayoría se rindieron para ser devueltos a sus hogares convencidos de que el final de los tiempos había llegado. Cuba insiste en que los EEUU admita la derrota y la rendición incondicional. EEUU se rehúsa. El liderazgo cubano no va a dejar escapar tan preciosa oportunidad así de fácil.

Ernesto Castro (Jefe del Gobierno Cubano, pariente del difunto Fidel Casto): (Llamada telefónica a Xerxes II) 'Su Majestad, como está?

'Ernesto, (con alegría lo saluda) dime Kalil, sin formalismos, somos hermanos'. 'Gracias hermano'. Xerxes estaba muy feliz por los éxitos militares contra los americanos, ellos habían ayudado bastante en sus planes 'En que te puedo ayudar?. 'Kalil, necesito que me ayudes a presionar a los gringos para que firmen la derrota y la rendición incondicional en Cuba'

Xerxes II sabe que eso era una tarea muy difícil (respira profundo) 'Hagamos algo, vamos a darle el golpe final a esos estúpidos arrogantes Te nombro representante de la Coalición Musulmana y sus aliados para que además de firmar el acta de rendición en Cuba, firmen el acta de derrota y rendición incondicional en Irak y Afganistán con una promesa de cancelación de nuestra deuda externa y el pago de 30 billones de dólares a Cuba, Irak y Afganistán por los daños, dolor y sufrimiento causado por ellos.

'Y si no aceptan? Pregunta Ernesto

'Si no aceptan… Pasaré por mi daga la garganta de lo que queda de los judíos en Israel incluyendo al Papa y luego alzaré mi lanza contra su propia tierra'.

Ernesto ríe 'Creo que aceptarán, no van a dejar que la muerte del Papa y lo que queda de los judíos caiga sobre sus hombros solo por no firmar un papel'

'Ve mi querido amigo…. toma el águila por el cuello y desnúcala. Que Alá te acompañe' (lo dice de una forma casi profética, ya se estaba considerando casi como un ser divino).
'Gracias por el honor su Alteza' ambos ríen a carcajadas y se despiden.

Un mes después, firma los EEUU su rendición ante la vista de todo el planeta, nunca la nación norteamericana había sido tan humillada.

XXII

La paz había reinado en todo el mundo por 3 años y medio, excepto en la República Dominicana que aún se encontraba enfrascada en una guerra sin cuartel con los Haitianos que secretamente aún seguían siendo financiados por los EEUU a los cuales aún le quedaban varias cartas bajo la manga.

Esta guerra no conducía a ningún lado, excepto la vía del cementerio para miles de hombres de lado y lado que luchaban día a día batallas sangrientas dignas de ser plasmadas en La Iliada.

Extraño...extraño que una sola palabra sea interpretada de diferentes maneras, que la percepción que tiene cada hombre de ella lo impulse a lanzarse a grandes epopeyas, a hacer creer en la mente de cada hombre, que es un espartano luchando en la Batalla de las Termópilas, palabra que....aunque dulce como la miel, como el librito entregado a Juan, al comerla...amarga las entrañas...porqué eres tan cruel, oh! Preciada Libertad!?

Los dominicanos aún ocupaban Puerto Príncipe y la parte sur de la República de Haití. Los haitianos se mantuvieron fuertes en la zona norte y sur central del la RD tratando de ocupar y dominar todas las ciudades y pueblos que pertenecían a estas regiones, pero una espinita clavaba la mente de Diego..

'General Soto? No le parece raro que los haitianos continúen ocupando pequeños pueblos y ciudades en la zona norte y sur central y no hayan ocupado la Ciudad de Santiago y San Juan de la Maguana, las dos mas importantes?'

'Si, estamos estudiando sus estrategias pero no hemos podido descifrar exactamente que se proponen, sus fuerzas, que aunque están bien arraigadas y fuertes, están divididas en tres frentes, no logramos entender que se proponen'.

'Conoce usted la historia del Guerrero Shaka Zulu el padre de la Nación Zulu, la nación africana?. 'Eeemm... creo que una vez vi una película, y eso que tiene que ver? El general está intrigado y confundido.

'Me parece que los haitianos están siguiendo las mismas tácticas de guerra que los Zulúes!! Shaka Zulu entrenó sus fuerzas a combatir cuerpo a cuerpo utilizando una media lanza, es decir, a la lanza común le acortó el largo de la madera a la mitad y la punta la agrandó la convirtió en una pequeña espada atada a un palo de madera'.

'Sigo sin entender…..explícame bien'

'No se da cuenta General?(mientras ven un mapa) Algunos haitianos han utilizado este tipo de lanzas en sus ataques cuerpo a cuerpo. ¿se ha fijado que las escaramuzas, utilizando sus armas de fuego son menos frecuentes pero sin embargo su avanzada continúa? Nos están intimidando! Los ataques cercanos de cuerpo a cuerpo son cosas del pasado, los soldados de ahora apenas saben tirar un puñetazo, sin sus armas de fuego no saben que hacer y el General Louverture está aprovechando esa debilidad nuestra. Además, si observa el mapa, los haitianos se han concentrado en todo lo que rodea el Cibao Central y la Ciudad de Santiago, pero no han incursionado en la parte este del Cibao

'Gracias a Dios' exclama con alivio el general.

'No, es solo una estrategia, es la misma que utilizaba Shaka Zulu para atacar y más que todo confundir y aterrorizar a sus enemigos, es un cuerno de toro'

'Cuerno de Toro? Como así Diego, me estas confundiendo mas'

'Si, fíjese (ven el mapa) rodean todo excepto el centro lo cual atacarían con sus fuerzas del oeste forzando el enemigo a huir por el sur, norte y este, pero sus fuerzas del norte y sur forzarían al enemigo a escapar por el este formando de la la ruta de escape un cuello del botella'.

'Ok Diego, siga' 'Qué hacen las personas en un cine si se provoca un incendio, tratan de salir por varias puertas pero solo hay una salida?

'Todos correrían a esa salida por miedo y sería un caos. Se atascarían en la puerta en el afán por escapar, se pasarían unos por encima del otro, un caos completo'

'Exacto! Cada cual correría por su vida sin importarle nada más'

'Ah! Entiendo ahora, van a atacar a la Ciudad de Santiago por tres flancos y la ciudadanía aterrorizada cruzaría por las ciudades de La Vega, Bonao y Villa Altagracia (ciudades en por la cual pasa la única carretera que lleva a la capital desde la Ciudad de Santiago) a toda velocidad causando pánico en estas ciudades por la retirada desordenada de los santiagueros.

'Correcto! Padrino'

' Y como los ingleses vencieron a la nación Zulu?'

'Ah esa es la pregunta del millón de pesos…Luchando a distancia y luego agarrando a ese toro por las narices'. 'Traducido…(dice el general) significa…
Fuerza Aérea y captura del General Louverture?

'Bravo padrino!'

'Llamaré al Jefe de la Fuerza Aérea para coordinar una serie de ataques y retiraré parte de los soldados para dar la impresión de haber perdido terreno, luego enviaremos los equipos tácticos e intentar capturar al General Zulu'

'General…..En su equipo táctico…incluya uno más!' 'Uno más? Quien?'

'Yo, tengo la argolla para la nariz de ese toro'

'Diego, mi querido ahijado, reconozco tu valentía pero tu entrenamiento táctico es limitado' le dice mientras va moviendo su cabeza de forma negativa.
'Lo sé, dejaré que el equipo haga lo suyo, pero al momento de la captura, quiero ponerle yo mismo el bozal a ese perro'
Después de pensarlo por unos segundos...Hecho! (sabía y confiaba que Diego podría y estaría honrado de lograr esa captura, ese general haitiano había arruinado sus empresas de turismo)

En el Medio Oriente....las cosas empezaban a estar calmadas....

¡Que aburrimiento!
Los demonios en el teatro de la vida del Rey Xerxes II les dolía el cuello al tener sus cabezas recostadas en sus asientos del aburrimiento, medio dormidos por la falta de actividad, unos jugaban con sus pezuñas, otros mordían sus propias alas, otros...ya decididos se levantan de sus asientos para retirarse...que pena...faltando un solo asiento por ocupar!
¡Hola Muchachos!!!! Me extrañaron?
YEEEAAAA!!!! (Gran alboroto y júbilo), increíble!!!...habían demonios con lagrimas en sus ojos de felicidad! Su gran líder había llegado...EL Ángel Hermoso, belleza única, el Príncipe de las Tinieblas....Apolión en persona, El Gran Diablo Satanás había llegado para ocupar...El último Asiento?

XXIII

Día 1, 260 después de la ocupación de Jerusalén...

El rey Xerxes II sentado en su gran escritorio marca el botón del interlocutor de su teléfono 'Mohamed? Mohamed?'. 'Si su Alteza? Responde rápidamente
'Ha llegado el día, reúna los soldados y llame a los rabinos, el Papa (retenido en Israel) y los 144 elegidos por los rabinos, los quiero vestidos de blanco (Mohamed ignoraba que Xerxes seguía su campaña de terror al tratar de recrear como un gran drama, el Apocalipsis)
'Perdone su Alteza, pero...no cree que ya..' 'Qué ya qué? Mohamed no me vengas con sentimentalismos ahora pues te puedo incluir en la lista si quieres?

'No su Majestad, es que ya tenemos más de 3 años y medio de paz, estamos prosperando, derrotamos a los infieles y esclavizamos a los judíos, ¿que más quiere?' Acuérdese que los americanos se aceptaron la rendición a cambio de la vida del Papa.

La garganta del Rey seguía sedienta 'Ya la muerte de mi hijo ha sido vengada Mohamed, no es por ellos, lo que voy a hacer, es por mí'. 'Por usted majestad?' 'Si Mohamed, ellos (los norteamericanos) hirieron mi cabeza y la hicieron sangrar (en referencia a su honor), me humillaron ante todo el mundo, me obligaron a arrastrarme como una alimaña por cuevas y sótanos y ....ver como esos ignorantes, incultos soldados entraban a nuestros palacios y colocaban sus asquerosas botas sobre los finos muebles, verlos caminando por las alfombras, alfombras elaboradas solo para reyes, esos hijos del mismo demonio durmieron en mi propia cama...(grita muy enojado, golpeando su escritorio) Es por eso que miles pagarán con sus vidas esas humillaciones, los infieles aprenderán que cada acción tiene una reacción, toda causa tiene su efecto'.

'Comprendo su Alteza, pero no ha pensado en las repercusiones internacionales, el acuerdo de paz?'. Levantando la voz le dice..'Al que se oponga, al primero que diga algo en contra, lo destruiré de igual manera'. Xerxes II no tenía miedo, su poder era todo poderoso, sin oposición....estaba borracho de poder!

En cuestión de horas los soldados habían reunido a todos los "invitados" del Rey en la plaza junto a la muralla de las lamentaciones, única reliquia en pié del antiguo templo judío. Subido en un estrado, vestido en sus mejores galas, bañando sus espaldas... una gran capa azul que ondeaba con el viento

"*Oh! Gran Rey Xerxes II, Padre de Irak, Hijo predilecto de Alá, descendiente de Mahoma estamos para servirte, Oh! Gran Rey de los Iraquíes, el bendecido por Alá*" *(Clamaba de forma casi poética un orador)*

Rodrigo aún se encontraba en Irak, había sido nombrado embajador, se encontraba entre la multitud que se apersonó a ver aquella gran reunión convocada por su Alteza. El mismo Abdul Bin Laden había aconsejado prudencia pero Xerxes no cambiaría sus planes por nadie.

Xerxes II: (En tono de discurso)
"*Hermanos míos... Hermanos míos...estamos reunidos aquí porque una gran ofensa se ha hecho a nuestros pueblos, el Islam ha sido escupido por estos infieles*"
(Se escuchan grandes gritos de la multitud vociferando toda clase de insultos a los judíos)
"*En señal de nuestra gran misericordia, hace tres años y medio les perdonamos la vida, les perdonamos la vida pues pensamos que era lo justo, les dimos la oportunidad de arrepentirse de todas sus faltas, de todos sus crímenes cometidos contra el Islam. Les ofrecimos tanto perdón y comprensión que les ofrecí los servicios de nuestros santos dirigentes espirituales para que cambien sus corazones y dejaran de adorar dioses paganos y seguir a Alá, el único Dios, el que todo lo puede*"
(mas gritos de repudio contra los judíos reunidos allí)
"*Tenemos aquí los máximos representantes de las religiones judías y cristianas, a ellos les encomendamos la tarea de abrir los ojos de sus seguidores, de confesarles que habían mentido, de que solo Alá es verdadero, pero NO* (dice levantando la mano y dando sobre el podium) *al contrario, abusaron de nuestra hospitalidad e incentivaron a los cristianos y los judíos a mantenerse fuerte en sus creencias, a rechazar al verdadero Dios Alá*" (mátenlos, mátenlos, gritaba las grandes multitudes).
"*Qué debemos hacer con ellos, con los que nos han ofendido, con los que han escupido con su arrogancia en la misma cara de Alá?*"
(mátenlos, mátenlos seguían gritando)
"*El pueblo de Alá ha hablado!*"
(Xerxes II muy astutamente había mandado a construir dos grandes cruces las cuales a tiempo exacto son levantadas para ser vistas por toda la multitud, las

masas enloquecieron, gritaban mas fuerte, invocaban a Alá y pedían la muerte de todos los judíos y cristianos, la situación se había tornado incontrolable)
El Gran Rey Xerxes II, el apoderado de Alá, con una señal ordena crucificar al Papa Francisco II. Para el máximo rabino le tenía algo un poco más especial. Las multitudes levantaban las dos grandes cruces y las acercaban y preparaban los clavos y martillos. El corazón del Santo Papa no pudo soportar aquella desgarrante angustia...calló de bruces producto de un fulminante infarto! Su cara rebotó en el concreto y la sangre de su nariz salpicó la hermosa vestimenta del Gran Rey Persa, aquello lo enfureció terriblemente.

El rabino no demoró en arrodillarse y tomar al Santo Papa en sus brazos en pura vocación protectora, esto enojó aún más al orgulloso Rey.

 Xerxes II pone una rodilla en tierra y le habla al rabino....
"Felicitaciones rabino, se ha desocupado un espacio para usted, jajajaja'
(Se levanta moviendo su capa como un super héroe y abriendo el pecho se dirige a la multitud)
"Alá ha comenzado su castigo, uno de los grandes infieles ha caído fulminado por la poderosa mano de Alá y el rabino muy gustosamente va a tomar su lugar en la cruz. Después....la suerte de todos estos judíos malagradecidos (los 144) estará en sus manos!"
(Ya les era difícil a la policía y los soldados controlar a las masas pues querían linchar con sus propias manos a estos judíos todos vestidos de blanco). La multitud alcanzaba dos millones de personas.

 El Santo Papa sentía como su cara era acariciada, su cuerpo era sostenido por fuertes brazos, abre sus ojos...ve los ojos de quien lo sostenía, eran brillantes como el Sol, su cara reflejaba aquella luz...sus cabellos...caían como olas sobre sus hombros............
Papa FII siente una hermosa presencia.... 'Quién eres, hombre piadoso que recoges los huesos de este pobre viejo?'
 Con voz grave y de gran autoridad le responde... Francisco, viejo no eres más, levantaos y disfrutad el producto de tus obras...Yo, el Arcángel Rafael he sido enviado a recibiros...de pronto, levantaos, pues las cosas han cambiado y vuestra ayuda es requerida.

Ni los mejores amigos, ni los mejores aliados, ni las llamadas incesantes de todas las personas importantes del mundo pudieron persuadir al tirano a calmar aquella multitud de fanáticos. Fanáticos poseídos por los demonios de la desesperación que al parecer habían estado perdidos en el desierto pero solo la sangre humana les calmaba la sed, pero como todo sediento, no piensa que el beber grandes cantidades puede matarlos, no comprendiendo que solo pueden tomar pequeños sorbos y mojar sus labios.

La turba de ignorantes...bebieron hasta la saciedad! (Horripilantes escenas donde los 144 elegidos eran atacados por la muchedumbre.) Caían bajo la espada persa, degollados con dagas afiladas con la lengua del Nuevo Padre de la Patria y consentido de Alá, estrangulados por manos con uñas ennegrecidas de odio, rechazo, sed de venganza y deseos de aniquilación total.

Satanás, desde su humeante hogar, recostado en su asiento favorito, control remoto en mano veía como eran asesinados los elegidos, el solo presionar un botón y otro más caía ensangrentado, viendo en sus minutos finales como sus entrañas eran pisoteadas por la turba que perseguía a los menos dichosos, los que aún no habían encontrado la muerte.

Mano en alto, esperaba Satanás que la sangre que se filtraba por la tierra cayera en su copa...tremenda borrachera aquella!

Pero, aunque aquella borrachera le había afectado los sentidos, pudo captar que varios de sus demonios, sus cercanos sirvientes no bebían, y sus rostros reflejaban preocupación.

Al momento de la creación, al parecer, Dios dio libre albedrío a sus ángeles, arcángeles, querubines y otros seres que comparten el Reino de los Cielos al igual que a los humanos. Eran libres de pensamiento y obra, Satanás no tardó en hacer uso de estos derechos y formó tienda aparte.

En el cielo existe una ley que prohíbe la pena de muerte, los humanos no mueren, solo pasan de llevar una vida carnal a una vida espiritual El espíritu, bueno o malo, es eterno, tanto para humanos como los que habitan en los cielos.

Existen solo dos opciones, los buenos pasan a residir en el Reino de Dios, los malos, van al Principado de Satanás donde tarde o tempranos serán castigados, pero no morirán, esa es la Ley!. Pero ni el mismo Dios pudo imaginarse lo que estaría por suceder...

Se habrá arrepentido Dios de haber hecho esta ley?

XXIV

En los Dominios de Satanás, tampoco las cosas van como deben ser…

Lucifer (En la comodidad del Infierno) 'Qué os pasa amigos, porqué no estáis disfrutando de la fiesta que os he brindado?' Les dice aun sentado en su cómoda silla, mirando a sus queridos sirvientes mientras levanta su copa llena de sabrosa sangre fresca.

El Demonio Amat, es por decir en términos mas humanos..el relacionar público o representante de los demás demonios. 'Oh mi Gran Príncipe, agradecemos vuestras atenciones pero…'

'Pero qué? es que no os he dado todos los gustos? No habéis disfrutado de estos maravillosos eventos? Es que esta gran victoria contra Dios no os satisface? Venid y disfrutar del festín!'. Lucifer les señala con la mano que se acerquen, que disfruten, era carnaval, era el mayor día de fiesta y él estaba disfrutando.

'Eehhmm…si mi señor, pero… es que existe una preocupación muy grande entre vuestros demonios'. Amat lo dice, pero temeroso, provocar una mala reacción de su Principe era de temer.

Lucifer (Con una sonrisa en forma jocosa responde) 'Preocupación? De que os preocupáis mis horrorosos demonios?

Amat se le va acercando, lentamente, su cabeza media baja en reverencia..'Señor, es que se están cumpliendo las profecías y vamos a ser cas…

Satanás abruptamente se levanta de su sillón…'Callaos la boca insolente estúpido, como os atrevéis, es que creéis que soy un ignorante? Creéis que yo desconozco las escrituras? Es que olvidáis quien soy?

El Demonio Amat (Muy asustado) 'No mi príncipe, solo os informo de los temores de vuestros servidores, es todo'

'Retiraos, fuera de mi vista insolente, Quién os dado el derecho de reclamar u opinar, creéis que los millones de años que lleváis a mi lado os da algún derecho? Solo esto faltaba!'

(El demonio Amat se retira cabizbajo)

El demonio Amat es esperado por un grupo de otros demonios muy interesados en la reacción del "Jefe". Amat solo movió su cabeza en señal de negación pero con un rostro muy intimidado. Los demás demonios se miraban unos a otros y murmuraban preocupados por su negro futuro.

Futuro? Cuando los demonios han tenido que preocuparse por su futuro? Definitivamente los tiempos han cambiado!

Ellos no eran los únicos preocupados, el mismo Satanás (Aunque prefiere el nombre de Lucifer ya que Satanás fue el nombre original que le dieron cuando fue creado, "su nombre de esclavo". Pero ya el era.. "su propio hombre", quedó pensativo, pues nunca, desde su partida del Reino de los Cielos había sido cuestionado por sus seguidores.

Seguidores que como él, fueron ángeles al servicio de Dios, ángeles que, unos, influenciados por él se revelaron y otros porque no soportaban sus asignaciones, no soportaban alabar a Dios, día tras día, estar a sus pies venerándolo por los siglos de los siglos, esta asignación era exclusiva de los querubines, los cuales tienen menor rango en el reino, no soportaban la "humillación". No buscaban poder, ni gloria, ni formar tienda aparte, solo hacer los que les venga en gana.

Satanás y sus seguidores son la prueba viviente que los ángeles tienen aspiraciones y diferentes formas de pensar. Ellos se fueron, pero muchos... aunque disgustados se quedaron. Al parecer en el Reino de los Cielos no todo es color rosa.

En los Dominios de Dios....

Satanás no era el único lleno de preocupaciones, al Arcángel Ariel (responsable de expulsar a Adán y Eva del paraíso) lo atormentaba lo que sucedía en la tierra.

(En el Reino Celestial)
Arcángel Barachiel (Combate la pereza y la indiferencia) 'Ariel, qué os preocupa?' 'Los humanos' responde Ariel quien se encuentra de brazos cruzados y cabizbajo, la preocupación lo consume. 'Los humanos? Por qué?' 'Están llegando' (Se ven espíritus llegando, las almas de los humanos que acababan de fallecer y estaban llegando al cielo)

'De qué habláis hermano, los humanos llegan todos los días, por miles y millones, qué os pasa, nunca os he visto preocupado como ahora'.

'Es que estos no son humanos comunes, son los "Elegidos" (Se refiere a las almas de los 144

que ya habían sido asesinados por los fanáticos seguidores de Xerxes II).

'Gloria a Dios' levantando las manos y abriendo sus alas dice el Arcángel Barachiel. 'Barachiel, es que no veis lo que está pasando? Nos desplazan, nos humillan, (ya enojado) nos quitan lo que por derecho nos pertenece'.

El Arcángel Barachiel lo mira muy sorprendido....

'Qué os pasa hermano? parecéis tentado por Satanás. Explicad bien vuestros pensamientos'. El Arcángel Ariel (Que se encuentra sentado, mira hacia arriba, a la cara de Barachiel) Es que habéis olvidado las escrituras? Es que olvidáis

que los elegidos tomarán vuestro lugar a la derecha de Jesús? Que ellos acompañarán a Jesús a hacer justicia? Ellos estarán con El todo el tiempo, disfrutarán de su presencia cada segundo….. (apretando los dientes de coraje) ellos no lo merecen ! no se lo merecen !(moviendo su cabeza de un lado a otro en señal de negación). Barachiel, mirando hacia el, lo ve a los ojos por unos segundos antes de contestar, como queriendo ver si en realidad estaba hablando en serio… 'Si fuerais humano diría que habéis perdido la cabeza.
'Lo que perderéis es el amor y vuestro derecho a estar al lado de Jesús.
'Pero de qué habláis Ariel? Jesús siempre ha estado con vosotros. Además, Jesús lo planificó así, es su plan y tenemos que obedecer. Vuestra misión, vuestra razón de ser, es servir y obedecer. Lo sabes mejor que nadie'.

'Servir y obedecer, servir y obedecer, servir y obedecer….. ya estoy cansado de servir y obedecer para beneficiar a los humanos. Cuando nosotros seremos premiados? Fielmente servimos desde el principio de los tiempos, millones de años terrestres, sin siquiera dar nuestra opinión. Somos puros, generales de los ejércitos celestiales, estuvimos con Dios firmemente aún en los peores momentos. (Dice con gran amargura) Es que no recordáis cuando Miguel, Jehudiel, Saeltiel, Gabriel, Rafael y yo tuvimos que unir nuestras fuerzas, luchar y expulsar a Satanás? Y luego expulsar a Adán y Eva del Paraíso? Y estar junto a Dios y Jesús incondicionalmente, verlos sufrir día tras día por culpa de estos humanos desobedientes, irrespetuosos, ignorantes…tan imperfectos. Porqué ellos los aman tanto? (refiriéndose al amor de Dios y Jesús por los humanos)
'Querido Ariel, el trabajo de vuestro Dios es amar, como cada uno de nosotros tenemos nuestro trabajo asignado'
'Ellos no lo merecen, no merecen estar a la diestra del Señor, ninguuuno (dándose con el puño en la pierna), ese lugar nos corresponde, únete a mi, debemos luchar otra batalla hermano'. 'Doblegad a la voluntad de Dios Ariel!!!, no os rebeléis contra El'.
'No me estoy revelando contra Dios, es contra los espíritus humanos'

El Arcángel Jehudiel, (arcángel que lucha contra la envidia y los celos) ha escuchado la conversación entre los santos arcángeles e interviene…

'Hermanos….. queridos hermanos… he escuchado vuestra conversación la cual me ha perturbado grandemente, resolvedla ahora, no queréis que vuestro Señor sea perturbado por vuestros celos Ariel'.
'Hermano, (responde Ariel) no os escucharé, defenderé mis derechos, no permitiré que estos humanos imperfectos nos desplacen, no los quiero ver cerca, ellos han traicionado a Dios una y otra vez, porqué Jesús los premia?

Mirad, un ladrón...un ladrón pasa mas tiempo con Jesús que vosotros, porqué? Solo porque estuvo al lado de El en su muerte humana? Nosotros hemos estado aquí siempre, antes, ahora'.

Jehudiel enojado.. 'Callad!!! No..(levantando su mano de frustración) no digáis una palabra más, borrad esos pensamientos de vuestra cabeza y concentrad en hacer el trabajo que Dios os ha asignado.

'Eso hago Jehu (le dice Jehu de cariño), protejo su reino y pondré esos humanos en el lugar que les corresponde'.

Los Arcángeles Saeltiel, Miguel, Gabriel y Rafael se unen a la conversación

Arcángel Miguel interviene directamente 'Ariel tiene razón!

Arcángel Rafael: 'Miguel, cómo podéis decir eso, vais a participar en esta rebelión?'

Arcángel Gabriel: 'Rafael tiene razón Miguel, no incitéis a Ariel'.

Arcángel Miguel: 'Llamadlo como queráis, no podemos permitir que nuestro Señor Jesús sea rodeado de estos humanos, que ya espíritus como vosotros tendrán todo el poder y el amor de vuestro Padre.

Arcángel Jehudiel: 'Miguel, es que olvidáis el dolor de vuestro Padre cuando tuviste que expulsar a Satanás producto de su rebeldía? es que queréis ser expulsados también y romper el corazón de vuestro Padre?'.

Arcángel Ariel: 'No negamos la entrada a las buenas almas, solo que ocupen el lugar que les corresponde'.

Arcángel Saeltiel: 'Esa decisión solo puede ser tomada por nuestro Padre, convocaré un ...'

Arcángel Miguel: 'No convocaremos nada!, tomad la decisión ahora, los que consideren al igual que Ariel que merecemos ser los únicos que ocupen el lugar sagrado y disfrutar del amor de nuestro Padre hablad ahora?.

De la nada aparece un viejo amigo... Todos los Arcángeles se ven sumamente sorprendidos, tenían millones de años terrestres que no veían a este viejo amigo......

'Amat? (Pregunta A. Miguel) Amet? Eres tu?' 'Si Miguel , soy yo'

'Si mi mente no me falla, creo haberos echado de aquí hace tiempo, que hacéis aquí inmundo'.

'Vamos Miguel, no sabéis perdonar un viejo amigo?'(sonríe)

'Qué queréis Amat, creo que habías entendido que no podías volver si te marchabas con Satanás, lo recuerdas verdad? Vete, sal de aquí, no puedes venir aquí'

' Miguel ya no soy un simple ángel, ahora soy un general igual que ustedes y os conviene oír lo que vengo a deciros'

El General de Brigada Amat, General de los Reales Ejércitos Infernales prefirió ser cabeza de ratón en el infierno a seguir siendo cola de León en los cielos, astutamente aprovechó la rebeldía de Satanás, le brindó su apoyo a cambio de "una raya de oficial", odiaba sus funciones en el cielo, se sentía un don nadie, un simple ángel, un soldado más entre las legiones celestiales. Satanás lo supo recompensar. Su decisión...solo el tiempo dirá si fue correcta.

Arcángel Saeltiel: 'Aquí no tenéis nada que buscar Amat, creéis que tu estatus de general en el reino de Satanás os dará consideraciones, largaos que pisáis lugar santo.
'Dejadlo hablar' responde Ariel.

Amat, manos en la cintura, mueve sus alas como si las acomodara mejor antes de hablar 'Vosotros subestimáis mis poderes,..... queridos hermanos (sonríe sarcásticamente). He percibido vuestros pensamientos y conversaciones...... tenemos el mismo problema.... los humanos!!!'

Arcángel Gabriel: 'En nombre de Dios, largaos de aquí, volved a tus dominios u os echaré yo mismo'.
Arcángel Miguel: 'Calmaos Gabriel, ese es mi trabajo'
(haciendo el gesto de querer sacar su espada)
Demonio Amat: (moviendo su cabeza de un lado para otro en forma de negación)) 'Ustedes no habéis cambiado en todo este tiempo, prepotentes como siempre, dónde está el amor, compasión y perdón que profesáis? Es que no habéis aprendido nada de vuestro amo Jesús?
(dice en forma burlona, bajando la cabeza y abriendo su brazos como en forma de reverencia) 'Pues por eso acompañé a Satanás, no soportaba el sistema, o creéis que yo no amaba a Dios? Amor no tenía nada que ver, hablamos de libertad' (habla mientras camina por detrás de Barachiel y le despega una pluma de sus alas para usarla como palillo de dientes, obviamente el General era provocador)
ArcángelBarachiel: 'Demonio, sois un insolente!'
Amat: 'Tratadme bien que os he venido a ayudar queridos hermanos...Hemos aprendido algo de los humanos...queremos negociar!
Arcángel Miguel: 'Negociar? Cómo?'

Demonio Amat: 'Sabemos que nos hemos portado mal, muy mal, pero estamos dispuestos a rectificar, nos someteremos a la obediencia si nos aceptan de vuelta, aceptaremos el castigo. Ahora.... (viendo directamente a Miguel y Ariel) pero........(hace una larga pausa) si nos aceptan de vuelta.... <u>sin castigo</u>.... pueden contar con nuestro apoyo. (Millones de demonios, ex ángeles, sus demonios soldados de confianza)

Todos quedan paralizados con la propuesta

Arcángel Gabriel: 'Vas a traicionar a tu señor Satanás?'

Demonio Amat: 'Si las escrituras se hacen realidad, el está acabado, tenemos que pensar en el futuro, no queremos morir. Qué dicen?'

XXV

En la Tierra....

Xerxes, Xerxes, Xerxes! (Vociferaba la muchedumbre) mientras la sangre de los elegidos aun se deslizaba lentamente por el filo de las dagas.

El furor de sus alabadores, el olor a sangre y la dantesca escena ha tejido una corona de satisfacción la cuál, al igual que Napoleón fue auto impuesta.

Las cortinas se han abierto y el demonio de la locura hace su espectacular aparición, sin duda alguna, es una estrella!

Xerxes baja las escaleras de la tarima, toma una antorcha y se dirige a las cruces... (Parado al pie de la gigantesca cruz, ve al rabino crucificado, agonizante) 'Rabino, si tu dios de verdad existe...(mientras sonríe) me lo saludas, jajajaja'

En ese momento coloca la antorcha al pie de la cruz que tenia palos y paja acumulados en ella, rápidamente el fuego llega a los pies del rabino, este grita implorando a Dios...pero sus gritos fueron inútiles...su cuerpo fue tragado de un solo bocado por las fauces de aquella llamarada.

Xerxes toma una lanza, se coloca al pie de la cruz donde está crucificado otro un monje franciscano, también agonizante.... 'A donde está tu dios ahora padre?'

Viendo hacia la multitud que se encontraba en estado de ufória (grita a todos)
'Que diga donde está su Dios! (la multitud grita muy fuerte...Muere, muere!)
El Padre Antonio (con voz entrecortada por el dolor y falta de aire) 'Jesús está conmigo y nada me falta!'. Xerxes mira hacia arriba a donde han crucificado al Padre Antonio..sonríe.... 'Bien, pues como tu Jesus morirás (mientras clava la lanza en el costado derecho del cuerpo desnudo del Padre)
El Padre grita de dolor, un grito que penetró las entrañas del más despiadado ignorante, hubo un silencio total.... El Padre.. casi susurrando...trata de hablar.. 'Xerxes..Xerxes (Xerxes se acerca y el Padre Antonio lo mira tiernamente)ya habéis cumplido la tarea que Dios os ha impuesto, no os preocupéis por mi muerte pues yo sé a donde voy, pero por vos ya he empezado a orar!
Fueron sus últimas palabras...

En la República Dominicana...

La avanzada dominicana había logrado importantes victorias, ya la parte norte de la antigua República de Haití había caído, pero la mayor parte del ejército haitiano y su población se había concentrado en la zona central (Cibao). Los dominicanos atacaban día y noche (heroicas escenas, hombres luchando en las zonas de combate, bombas, disparos, lucha cuerpo a cuerpo). Diego viajaba en helicóptero junto a las fuerzas especiales que tratarían de atrapar al General Louverture.

Diego siente que los hombre van tensos...trata de darles ánimo 'Muchachos, estoy muy orgulloso de ustedes, nunca he servido con mejores hombres, hagamos este trabajo bien y acabemos con esta guerra.'
Uno de los soldados (Soldado Castillo) nota que el Diego lleva una argolla en la mano, una de esas argollas que usan para ponerle a los bueyes en las narices 'Señor, para qué es esa argolla?

Mirando la argolla, Diego le contesta 'Es algo personal' (Todos sonríen, saben a que Diego se refería excepto el novato soldado que aunque era de las fuerzas especiales era su primera misión real)
Piloto: 'Listos en 1 minuto (Todos revisan rápidamente sus equipos y en disposición de acción).

El Coronel Fortunato, líder del equipo táctico se para de su asiento, da una revisión visual rápida a cada uno de sus hombre y se detiene en la puerta del helicóptero 'Listos? ...Adelante'

Todos empiezan a bajar por soga a la tierra y toman posición defensiva. Después de asegurada el área se mueven rápidamente entre los arbustos y sigilosamente llegan después de 6 horas (eliminando silenciosamente varios soldados haitianos) a las afueras del Palacio Municipal en donde había instalado su Cuartel General el General Louverture.
El Coronel Fortunato (Haciendo señales militares, indica a sus hombres como moverse y la posición que deben tomar para atacar) 'Diego, ocúltate, te llamaremos cuando todo esté asegurado. 'Voy con usted Coronel, no me pierdo esto por nada del mundo'.

El Coronel Fortunato (Respira profundo) 'Ok, pero no se separe de mi, mantengase alerta, no quiero tener que explicarle a su padrino que dejé que lo mataran' 'Estoy listo comandante'

El Coronel Fortunato hace la señal de ataque...

Rápidamente el equipo táctico armados con metralletas con silenciadores atacan los centinelas, penetran rápidamente por las puertas disparando a todo lo que se mueve. Las fuerzas de seguridad del General Louverture no fueron efectivas ante el ataque sorpresa de los héroes dominicanos. Parados justo fuera de la puerta del despacho donde se encontraba el General Louverture el Coronel Fortunato al frente de sus tropas está listo a entrar cuando es detenido por Diego.

'Excúseme Coronel, creo que ha llegado mi turno, El Matador está aquí'. *El Coronel Fortunato hace señal que Diego puede ir al frente, esta acción elevó la moral del equipo dándole un OK con sus dedos de aprobación. Irrumpen con fuerza en el despacho, capturando al General Louverture. Diego saca la argolla de su bolsillo, le agarra las narices al general 'venga acá becerrito' y coloca la argolla en la nariz del general.*

El General Louverture todavía no sale de su asombro por la rapidez y la agilidad de estos hombres de penetrar hasta la propia puerta de su despacho sin el notar nada hasta el momento de la captura 'Qué significa esto? Somos soldados, tráteme como uno'. Exige respeto por su rango de general y soldado enemigo. Diego se le acerca y le habla a solo centímetros de su cara 'General… y esta es mi patria, trátela como una'.

El General Louverture había entendido que Diego había descifrado sus tácticas de guerra. Rápidamente salen del Palacio Municipal y van hacia una zona de aterrizaje para abordar el helicóptero, pero ya las tropas haitianas habían sido informadas de la acción de los dominicanos y se presentaron al área donde se desató una cruenta batalla, donde el soldado Castillo y el soldado Tapia caían abatidos. Lograron escabullirse no sin recibir varias heridas de bala, el mismo Coronel Fortunato mortalmente herido, sangraba profundamente…el sabía que no lo lograría

'Diego…(tose y sangra por el costado derecho) yo me quedo…'

'Coronel, ni lo piense, esta no es una película, nadie se queda, yo…'

'Cállese soldado y escuche (mientras lo agarra por la chaqueta), ahora el prisionero es tu responsabilidad, tu lo querías…ya lo tienes, llévalo a la capital, hay demasiados soldados detrás de nosotros, algunos tendremos que quedarnos para que puedas llegar al helicóptero'.

'Sargento González…venga' le ordena el C. Fortunato

Sargento González: 'Diga señor'. 'Usted tiene la responsabilidad de hacer que el Coronel Vega llegue a ese helicóptero y lleve al haitiano este a la capital, llévese al soldado Pérez, Fernández, Santiago y Minaya'. 'Como diga señor'. 'Me quedo con Ramírez' (también herido).
Diego respira profundamente, sangrando de la cabeza al rozarle una bala 'Regresaré por usted comandante'. El comandante mirándolo directo a los ojos para reafirmar sus ordenes..'No va a ser falta Diego, cumpla su misión, si sobrevivo, buscaré mis propios medios de regresar, váyase ya' (empieza un tiroteo). El Coronel sabía desde el principio que para él y varios de sus hombres solo era una misión de una sola vía.

Diego logra junto a los demás soldados llegar al helicóptero, rápidamente todos suben, el General Louverture con la cabeza encapuchada era lanzado a una esquina y esposado de uno de los asientos, el helicóptero se eleva rápidamente y sobrevuelan a baja altura las montañas cuando...una ráfaga alcanza el helicóptero.....humo sale de sus turbinas y empieza a caer rápidamente... Entre el medio del bosque cae el helicóptero con una fuerza increíble, prácticamente se desintegra en mil pedazos con la caída.

Mañana siguiente...

   Diego es despertado por un rayo de Sol que se colaba dentro de la destartalada cabina, lentamente intenta moverse... 'AAAHHHH!' (grita de dolor'. Un pedazo de metal había atravesado su pierna izquierda, su brazo derecho estaba fracturado, además de varias cortadas y rasguños por todo su cuerpo, intenta ubicar a sus compañeros y al general, pero solo puede ver por un solo ojo, el otro estaba ensangrentado e inflamado (mueve la cabeza de un lado para otro)Vagamente logra ver al General Louverture...o lo que quedaba de él, su brazo amputado esposado a uno de los asientos, los demás hombres... muertos, excepto el sargento González que mal herido apenas podía moverse.

Durante el transcurso de esta guerra, Diego había permitido la entrada a su teatro a todos los demonios, ya había perdido la percepción de una vida normal, ya ni su gran amor por su querida Lai doblegaba los demonios del odio y la muerte, quería que estos haitianos pagaran por la sangre dominicana derramada, pero el ver sus propias heridas, sus hombres muertos y la decepción de no haber completado la misión es como si hubiese regalado entradas VIP a los demonios de la rabia, la frustración y la impotencia, en su frustrante vida, solo quedaba un solo asiento por ocupar.

'Sargento? Sargento?'

Sin responder mueve una mano en señal que aún vivía. 'Puedes…puedes moverte?' (Mueve con su cabeza negativamente)
En esos momentos se escuchan movimientos de soldados acercándose, pero nada podían hacer.
Eran soldados haitianos!

Entra un soldado haitiano rápidamente a los restos del helicóptero y apunta a Diego, en los ojos de aquel soldado que venía a vengar a su general, sabía que era su fin, de repente los sesos del soldado cubren el cuerpo de Diego, al sargento le quedaban fuerzas para levantar su arma y cumplir su misión de proteger a Diego. Otro soldado entra y sin miramientos dispara al soldado González que muere en el acto, Diego saca rápidamente su cuchillo y lo clava en la pierna izquierda del soldado haitiano, este cae al suelo y sacando fuerzas de su mas profundo ser, Diego se le abalanza encima y le coloca el cuchillo en la garganta…pero…algo lo detuvo…pudo ver el miedo a la muerte que tenía aquel soldado, pudo ver que era al igual que él un hombre que trata de hacer lo que considera que es lo correcto, Diego hizo varios intentos de matar aquel soldado pero no pudo hacerlo, aún quedaba compasión en su corazón.

Diego se sienta, y con su cabeza hace una señal al soldado que se retire, que su vida era perdonada. El soldado hace una señal con su cabeza de agradecimiento y cojeando se aleja. Diego, solo y sangrando de muerte implora a Dios….

'Oh Padre, perdona mis ofensas como he perdonado a ese soldado, protege a mi familia, perdona mis pecados, uuuhhggg (dolor) oh Dios, porqué tuve que terminar así?'

Pasaron varios minutos, Diego agonizaba, la gravedad de sus heridas eran irreversibles.

'Jesús, ya no me hagas sufrir, si he de morir aquí… coño hazlo rápido' (dice enfurecido)

Con su cabeza caída, solo viendo el suelo de la cabina ensangrentado con la sangre de sus compañeros espera la muerte…pero algo le hace levantar la cabeza….ve una luz…cada momento se hace mas intensa…no! no es luz solar…es …brillante…blanca…una figura sale de esa nube de luz…

'Nunca te dijeron que no debes blasfemar? (Era el Arcángel Gabriel)
Diego no cree lo que sus ojos ven…

'Eres tu…si….si eres tú. Te he visto…varias veces, te reconozco…eres??? Te vi en mi baño….y …en mi automóvil…quien eres?

(Sus ojos le dicen que está viendo a alguien pero su mente no esta clara y piensa) 'Este tipo tiene alas! Bueno Diego, ya te jodiste, estás muerto o agonizando y deliras'

'Agonizando estáis Diego, muerto en unos segundos más. La pregunta es... Aceptáis a Jesús como vuestro único señor y salvador?'

(Confundido) 'Eeemm si claro' (pero sin mucha seriedad)

'Os preguntaré otra vez Diego... ¿Aceptáis a Jesús como vuestro único Señor y salvador?' (Continúa alucinando confundido)

'Si, si pero quien eres? Estoy muerto? Dios mío, me estoy muriendo?'

'Os pregunto otra vez... ¿Aceptáis a Jesús como vuestro único Señor y salvador?'

'No sé quien eres señor pájaro (por las alas, claro el pensaba que alucinando) pero me estas fastidiando, búscame un médico, no ves que me estoy muriendo'.

'Responded!!' (le insiste con voz dictatorial)

'Señor, Oh Dios mío, perdóname, veo que me has enviado al infierno y ya me están torturando'.

El Arcángel Gabriel (Mirando hacia los cielos) 'Señor Padre, porqué me encomendasteis esta tarea? Responded Diego, responded! Millones de almas dependen de vuestra respuesta'.

'Si, si, si, si mil veces si, acepto a Jesús como mi Señor y salvador, pero déjame tranquilo. Yo creo fielmente en Dios, Jesús y El Espíritu Santo, porqué me preguntas tanto? Es que acaso no ves como estoy?'

'Apurad Diego, os espera una ardua tarea'.

Diego apenas podía tener sus ojos abiertos, su presión arterial se había desplomado a causa de las hemorragias, poco a poco, expiraba su último aliento. (Agonizando) 'P a dre... nue str o qu e ehhh... es tas s en los c ieeelos (intentaba rezar).

Todos los demonios en la vida de Diego, atentos estaban a los últimos acontecimientos, muy concentrados en aquella última escena, una escena decepcionante, pues después de todo lo que había pasado Diego en su vida no era la respuesta que esperaban. Los demonios estaban totalmente enfurecidos con Diego. Algo había que hacer...Tú.., señala el demonio de la intranquilidad al demonio de la Agonía. Ve, has tu trabajo inútil!

Cuando aquel demonio se dispone a levantarse de su butaca para entrar en acción... Bam! Espanto! Todos los demonios saltan de sus asientos del susto que se han pegado, era un sonido inconfundible...era la puerta del teatro que se había abierto con gran fuerza...alguien entraría al auditorio, pero ese alguien era quién pondría las letras finales a ese guión que regía la vida de Diego.

Pasaron varios segundos...

NNNOOOOOOOO!!!!!!!! NNNOOOOOOOO!!!! Gritaban los demonios, saliendo despavoridos por las puertas de salida de emergencia, pasando uno por encima del otro sin ninguna contemplación, sus mentes solo les daba un solo comando...huir! Huir a toda velocidad, gritaban fuerte, unos caían, otros volaban, otros miraban hacia atrás con ojos aterrados como queriendo calcular la distancia entre ellos y el nuevo invitado............'Jesús!!'

A Diego se le iluminan los ojos.
Jesús: 'Hola Diego' (con voz suave y tierna). 'Oh mi Señor Jesús, donde has estado?' pregunta mientras alza una mano como queriendo tocarlo 'No os preocupéis Diego, en mis brazos estáis. Habéis pasado duras pruebas y habéis vencido'. 'Pero señor no entiendo nada'
'Pronto entenderéis, pero levantaos que herido no estáis, vuestra vida empieza y debéis hacer ahora una gran labor para vuestro Padre que os ha aceptado en su Reino'. 'Aún sigo sin entender' (sigue pensando...estaré muerto de verdad o solo soñando)

Otra neblina blanca con una luz brillante empieza a presentarse..Es el Arcángel Gabriel que sale de ella 'Diego, miradme...liberado estáis de vuestro cuerpo terrenal, en Gloria estáis ahora, vivo, en espíritu y si soldado fuisteis en carne, soldado también seréis en los cielos. Una gran batalla se aproxima y necesitamos vuestra ayuda pues lo incambiable quiere ser cambiado'.

Dios había sido informado por el Arcángel Saeltiel de todos los acontecimientos, de las preocupaciones de sus arcángeles y la proposición de negocios hecha por el Demonio Amat y sus seguidores. El Padre Supremo llama a reunión a todos los habitantes de su reino y extiende la invitación al Demonio Amat como representante de los "disgustados" de las tinieblas. Dios es también "hombre de negocios".

Jehová Dios: Escuchad!(Su voz es como un gran terremoto) Os he convocado ante mi presencia ya que grandes tribulaciones afectan los corazones de mis hijos, es que no os he dado lo mejor?Es que vuestros corazones sois maquinas insaciables de ambiciones? Que es lo que pretendéis? Es que pretendéis abusar del gran privilegio que os he dado de libre pensamiento y albedrío para conspirar, murmurar e incitar a la desobediencia? Vuestros actos hieren mi corazón! Es que mi amor por vosotros no es suficiente? Es que sangre debe pasar por sus gargantas para satisfacer vuestra sed?

(Dios pega fuerte en el brazo de su silla) Contestad!!! (Con voz fuerte y enojado)
Es que la sangre, sufrimiento y angustias de vuestro hermano Jesús ha sido en vano?

Un silencio total se apodera del todo el reino, todos se mantienen atentos a quien será el primero en contestar, o quizás... desafiar al mismo Dios.

De pronto un gran murmullo se escucha, todos se miran asombrados al ver que alguien abre espacio entre la gran multitud y procede hacia delante listo a confrontar el mismo rostro del Todo Poderoso

Esa figura imponente era Arcángel Ariel...

'Oh mi Padre Amado, os pido mil perdones por ser el punto de discordia y vuestro sufrimiento, solo he querido defender el derecho a vuestro amor. Es que ya no nos amáis?

Es que hemos hecho algo de vuestro desagrado que vuestra atención, amor, pasión y perdón sea solo para los humanos? Es que ya os habéis olvidado de nosotros? Porque amáis tanto a estos humanos que solo os ofrecen lagrimas, estos humanos que no merecen vuestro amor, estos humanos de naturaleza débil? (dice viendo y señalando con gran recelo y rechazo a los espíritus humanos)

Jéhova con su infinito amor le responde 'Ariel, mi amado Arcángel, habéis estado conmigo desde que la nada era nada, desde siembre. Es que todo este tiempo no ha sido suficiente para que sepáis que en mi corazón siempre estas?
'Mi Jehová Dios, precisamente esa es mi preocupación, que siento que vuestra vista ya no esta en mi y mis hermanos, vuestra atención esta siempre en estos humanos'.

'Ariel, los humanos, tus pequeños hermanos, son nuestras ovejas perdidas es que no os dais cuenta que el final de los tiempos aquí están? Es que no sabéis que el tiempo de las grandes tribulaciones y de justicia ha llegado?'

Ariel le contesta cabizbajo 'Si, Padre mío. Justicia es lo que pedimos en vuestro reino, (Vuelve su mirada hacia toda la multitud y llenándose de valor) Vosotros pensáis igual que yo, hablad ¡Hablad lo que vuestras mentes piensan! Yo digo que no humano este al lado de nuestro padre o Jesús, digo que vosotros son los que merecéis el lugar al lado de Jesús, no los humanos'.

Un gran tumulto se forma ya que los espíritus humanos protestan en disgusto por las palabras del Arcángel Ariel y del otro lado todos los ángeles, arcángeles, querubines y demás seres aplauden y piden justicia. Todos aclaman sus derechos, pero solo un personaje se mantiene callado...el demonio Amat.

Dios muy afligido por las reacciones y los pensamientos de sus mas queridos hijos (mueve su cabeza en negación) y mirado hacia un lado ve al demonio Amat y de forma tierna lo ve…y le pregunta……

'Amat' (Dios lo ve con gran pena ya que su forma "física" se ha trasformado en forma horripilante, cuando fue uno de los ángeles mas hermosos creados por él) 'dime, Por lo menos me amas un poco? Tienes en ti algo de lo hermoso que te había dado? O como los demás, beneficio solo buscas?'

'Señor, os doy permiso a entrar a mis pensamientos (Dios al darle el derecho a la libertad de pensamiento respetaba la privacidad mental de cada ser) para que veáis que amor por vosotros no tuvo nada que ver con mi partida de vuestro reino, siempre, a escondidas de mi señor Satanás, mi amor por vosotros nunca ha desaparecido, lo único que siempre he querido es independencia, sabéis que la adulación y adoración no esta en mi naturaleza, os agradezco haberme creado, pero vuestra administración del reino no es compartida por mi o mis soldados, solo pedimos total independencia de acción'.

'Y eso es lo que has encontrado junto a Satanás, verdad?'

'Independencia total no, pero por lo menos no tengo que adorar a nadie'.

'Y por no adorarme habéis causado tanto dolor, amarguras y muerte? Creéis que eso justifica vuestras acciones? Dígame Amat?

'Señor, al igual que el Arcángel Ariel, los humanos no son de gran importancia para mi, os soy sincero, reconozco que existen espíritus buenos, pero en la mayoría de sus corazones vos no estas, entonces porque debo conceder o tener consideraciones con ellos? Creed lo que digo que os digo pues en los últimos tiempos nuestro "departamento de admisión" está mas ocupado que el de ustedes'

"Silencio!" (Con gran enojo responde Dios)

En esos momentos se acerca el Arcángel Barachiel

Arcángel Barachiel: 'Oh Padre mío, os pido olvidar las palabras de Ariel, su corazón esta dolido, reparadlo con vuestro gran amor'.

El Arcángel Miguel también interviene 'No queremos perdón, queremos justicia! *Ahora todos se sienten con derecho a opinar, saben que es hablar ahora o callar por toda la eternidad…*

Arcángel Rafael: 'Callaos Miguel y los demás, no seáis insolentes es que olvidáis que habláis con vuestro Padre eterno y celestial, es que creéis que estáis entre mercaderes humanos? Respetad os pido!

En esos momentos uno de los querubines habla al oído a Dios ... 'Señor, esta hecho!'

De forma destellante va apareciendo entre la multitud de seres, la figura fuerte y robusta del Arcángel Gabriel, que con sus hermosas grandes alas se acerca a la presencia de Dios junto al personaje que ya era esperado. (Los arcángeles tienen alas con una pluma azul en el borde superior para ser distinguidos y como forma de "rango" por ser generales de los ejércitos celestiales, las alas de los ángeles son más pequeñas y completamente blancas, los humanos no tienen alas)

La llegada de Gabriel ha generado un gran murmullo entre todos los seres, Dios con su mano derecha hace una señal para que todos hagan silencio 'Gabriel, veo que habéis cumplido lo encomendado, por lo menos uno de mis generales aun obedece sin ordenes'(mientras de re-ojo mira los demás)
EL Arcángel Gabriel se acerca y se arrodilla ante su Dios) 'Padre, he aquí a tu hijo Diego, el ultimo de los espíritus'

Diego, aun no acaba de entender lo que esta pasando, lo ultimo que recuerda es estar herido en un helicóptero y ahora se encuentra rodeado de miles de seres de diferentes clases y formas, de haber sido llevado "volando" ante la presencia de este poderoso ser que irradia una luz y poder tan grande que sus ojos no pueden enfocar a distinguir la figura.

Arcángel Gabriel: 'Diego, doblegad vuestras rodillas que os encontráis ante tu Padre Jehová Dios'.
Diego sigue pensando ('Coño, este sueño se siente bien real o de verdad me jodí')
(Diego se arrodilla ante Dios)
Jehová Dios: 'Diego, controlad vuestros pensamientos, estas ante mi presencia, no estáis soñando y gracias a las acciones de impertinencia de los que os rodean, no habéis disfrutado de una acalorada bienvenida que es costumbre y de gran fiesta a los que empiezan una nueva vida'.
Diego: 'Es que no entiendo nada, estoy confundido...'
EL Demonio Amat que solo se encuentra a unos pasos de Diego, moviendo sus dedos lo saluda 'Hola Diego, vuestro suegro y padre os envían saludos, jajajaja'
Arcángel Gabriel: 'Amat, silencio!.
'Diego, sois el ultimo de las almas que entrarán al Reino de los Cielos antes que empiece el gran final, el Apocalipsis, sois el espíritu que dividirá los tiempos....

Diego lo interrumpe 'Momento, momento, momento….que yo soy quién?'

Arcángel Gabriel: 'Solo escuchad, vos has demostrado que aunque vuestros demonios se mantuvieron susurrando a vuestros oídos, a vuestro lado siempre sin dejaros descansar, vos supisteis vencer al final, no caiste en sus tentaciones. Siempre supiste perdonar y hacer lo que considerabas era lo correcto y vuestro Dios os ha premiado'.

Arcángel Ariel: 'Vean, (Grita a todos) veis lo que os digo, (haciendo movimientos de burla y gestos) al señor Diego lo están premiando (va y hace una burla de alabanza a Diego) Oh, señorDiego, me podéis conceder una entrevista con mi señor Dios?' (los celos le carcomen el alma lo cual provoca que varias de las plumas de sus alas empiecen a tomar un color gris)

Arcángel Saeltiel: '¡Basta Ariel. Basta!

Jehová Dios: 'Ariel, habéis demostrado gran irrespeto, ante mi y ante tus hermanos. Es que pretendéis ahora seguir los pasaos de Amat?

Arcángel Ariel: 'Señor, os pido resolver estos asuntos antes de corra la sang… Perdón señor, antes que las cosas se agraven más'.

Se avecina una guerra civil celestial?

Jehová Dios: 'Acabad de decir lo que verdaderamente pensáis Ariel, hablad!

Silencio total….

Demonio Amat: 'Señor, perdonad la interrupción, pero debo regresar y aun no habéis dado una respuesta a mis peticiones'

Jehová Dios: 'Amat, no os preocupéis por Satanás. Pero si respuesta queréis, respuesta tendrás, perdón queréis y perdón tendrán. (Todos los descontentos ríen y se abrazan) Pero debo saber una cosa primero. Sabéis que vuestro perdón tiene precio, pues sus acciones han sido malas.
Cuanto estáis dispuestos a pagar?'

Demonio Amat: 'Oh señor, (postrandose ante El) lo que vos nos pidáis, estamos conscientes de nuestras malas acciones y pedimos perdón, no queremos ser castigados señor, sabemos que el final de los tiempos del hombre están aquí y que el castigo será peor que lo que sufren los malos humanos junto a Satanás, no queremos ser destruidos'.

Dios lo mira detenidamente e inclinandose hacia el le pregunta 'Amat, estaréis dispuesto a arriesgar vuestra vida eterna por mi perdón y amor?'

Demonio Amat: 'Si mi señor '(arrodillándose ante Dios)

'Y ustedes (refiriéndose a sus arcángeles y todos los seres disgustados), estarían dispuestos a arriesgarlo todo por mi amor y perdón?'

Todos afirman con manos levantadas que estarían dispuestos a complacer a Dios en todo para lograr su perdón

Arcángel Ariel: 'Padre, sabéis que estoy dispuesto a serviros en lo que sea y si os he ofendido os pido perdón y sabéis que estaría dispuesto a darlo todo por vosotros, pero queremos saber si vos estaríais dispuesto a complacernos en nuestras angustias?'

Dios, mirando a Diego... 'Y vos? Tenéis peticiones?'
'Oh padre santo, no se que decir, solo se que estoy sorprendido con vuestros problemas, solo quiero la reconciliación entre ustedes y ....'
Y? (Dios le pregunta sin dejarlo terminar)
'No se si puedo pedirlo, si es ya tarde o..... Seria posible poder volver con mi familia, espero un bebe y quiero estar con ellos'
'Vos estaréis dispuesto a hacer sacrificios por lo que queréis?'
'Mi señor, bien lo sabes, siempre lo he hecho señor'.

Jehová Dios se pone de pie...los mira a todos...

 '*Muy bien, en algo estamos de acuerdo. Pero ya que estáis dispuestos a mataros como romanos producto de las ambiciones, los celos y poder, pues como romanos lucharéis. Todos vuestros poderes e inmortalidad desde este momento serán suspendidos y la sangre correrá, sufriréis como hombres!. El tiempo de los llantos y el crujir de dientes ha llegado!*'

Todos se miran asombrados, pues no esperaban tal situación

Arcángel Gabriel: 'Pero mi Dios, n.....' (gran murmullo y habladera)
Jehová Dios: 'Callaos!!! Callaos todos!!! Vosotros habéis cambiado lo incambiable, vosotros con sus desobediencias habéis escrito sus propios nombres en sus tumbas. Vosotros habéis atentado contra los humanos, contra vosotros mismos, contra mí y por los humanos lucharéis y moriréis. El Apocalipsis ha sido cancelado!! Ahora vosotros determinareis el futuro.'
'Amat, preparaos pues tu amo acaba de enterarse que estáis aquí y que preparáis batalla contra el.

 Dios ha abierto las cortinas y Satanás y sus demonios se enteran de la traición de Amat y sus seguidos. Satanás se encuentra furioso, pero no tiene tiempo que perder, tiene que prepararse para la batalla, sabe que las reglas han cambiado, que el Apocalipsis y su gran plan de destrucción, sufrimiento y muerte acaban de sufrir un gran revés. Lo incambiable acaba de ser cambiado, y no esta seguro si su futuro ha cambiado.

Sabe que la muerte hasta ahora era prohibida por Dios, pero las reglas del juego han cambiado y ahora todos temen por la "real destrucción" pero reconoce que Dios no va intervenir en el desenvolvimiento de los eventos y que una posibilidad de victoria ahora existe, pues en las escrituras, sabia que aunque Dios permitiría que su avalancha de maldad y muerte cubriera la humanidad, su derrota final y encarcelamiento eran seguros. Pero a Satanás en realidad no le importaba su derrota pues sabe que su vida era eterna y que viviría para luchar otro día, pero la posibilidad de poder sentir en su lengua el dulce sabor de la victoria contra Dios, aunque fuese temporal era irresistible, pero ahora, aunque con miedo a ser destruido por siempre, pero si lograse una victoria, su lengua atravesaría el corazón de su archi-enemigo Jesús al destruir no solo a los humanos, pero a sus propios hermanos (los arcángeles) que lo echaron en el pozo cuando quiso revelarse.

XXVI

En un abrir y cerrar de ojos todos los ejércitos celestiales, Amat y sus demonios y los espíritus humanos, todos se encuentran en una zona desértica, vistiendo armadura romana, espada en mano, lanzas, escudos... Dios literalmente los había transportado a la tierra como simples mortales...era guerra que querían? Pues guerra tendrían!

La mayoría de los humanos y los ejércitos celestiales de Barachiel, Jehudiel, Gabriel Y Rafael que se mantuvieron leales a la voluntad de Dios, toman posición en las colinas.

Las fuerzas de Ariel y Miguel junto con sus nuevos aliados, algunos humanos, Amat y sus demonios toman posición de espalda al Sol. La suerte ya esta echada!.

Lo que ambos ejércitos ignoraban era que Dios no solo quitó la inmortalidad a los ángeles y humanos pero también a Satanás y sus demonios, en otras palabras, eran simples mortales, mortales que al igual que los demás ejércitos tendrían que luchar por su sobrevivencia.

Dios había decidido que este día sería el día de días, hoy se definiría la suerte no solo de la humanidad pero de los mismos cielos. El, personalmente le había abierto las puertas de los establos a los 4 jinetes del Apocalipsis que viendo el "plan original" tronchado se encontraban aun pendiente los acontecimientos sin saber que hacer..

Satanás y sus demonios se habían presentado de incógnitos al campo de batalla, aun no haciendo evidente su presencia, solo esperando el momento preciso para iniciar su ataque y con un poco de suerte poder aniquilar a las fuerza de....no importa a quien, de todos modos seria ventaja para el.

Ya todos los invitados se encuentran en sus posiciones, cada cual con la seguridad de lo que estaban haciendo era lo correcto, pero muy adentro sentían un nerviosismo al no saber cual seria el desenlace de sus acciones y su futuro ya que su inmortalidad ya no estaba asegurada.

El Arcángel Ariel, hace una señal al ángel Augusto de que ya es tiempo, y este, trompeta en mano, da la señal a las tropas celestiales que es hora de atacar.
El Arcángel Rafael se prepara a dar la señal cuando Diego lo detiene...

'Rafael, estas seguro que esto es lo correcto, no hay otro camino?'
'Me temo que no Diego, está fuera de nuestras manos'
'Rafael…. entonces te pido que me permitas dirigir las tropas de los humanos

y tomar el frente, esta batalla es por nosotros, por culpa de nosotros y siento que es nuestra responsabilidad'.

'Diego….Sabéis que si hoy, en la batalla caes, no os levantareis jamás….. Tenéis mucho valor! Que así sea, suerte! (poniéndole la mano en el hombro en señal de apoyo)

El Arcángel Rafael da la señal de que los humano tomaran el frente y lideraran en la batalla.

Diego habla a sus tropas…

'Hermanos…. Aun no estoy muy seguro de porqué estamos luchando, es por amor a Dios? O por amor a nosotros mismos? Por poder? Ustedes mismos en sus mentes deducirán la respuesta. Para muchos de nosotros, hoy será nuestro ultimo día, esta vez de verdad, ya que esta es nuestra vida después de la vida, no tenemos otra oportunidad. Rogad a Dios por vuestras faltas y que los segundos que nos quedan… que vuestros últimos pensamientos sean para Jehová Dios y pedir su santa misericordia'.

'Hermanos….lo que no se podía deshacer se ha desecho y el precio es alto, pero si Dios lo quiso así, pues así será y si el vencer nos devolverá nuestro lugar junto a Jesús pues victoria obtendremos.

(Todos, humanos y ángeles gritan de emoción)

(Con un gran rugido y espada en alto)

Por lo que nos perteneceeee….Ataqueeen!!!!!!

Una gran estampida se oye del otro lado del campo de batalla, a primera vista, el Arcángel Ariel piensa que son las colinas que se mueven por si solas, pero no es mas que los ejércitos celestiales a pura fuerza y pulmón corriendo a su encuentro con determinación.

Inmediatamente informa a sus asistentes de la situación y personalmente toma el centro y dirige el ataque.

Las dos grandes fuerzas van a su encuentro, poco a poco se acercan, a cada segundo que pasa empiezan a poderse ver los rostros de los soldados que van a encontrar y batallar, suspenso y nerviosismo se apodera de sus entrañas.

50 metros, 40 metros, 30 metros 20 metros, 15 metros (ya se distinguen los rostros, las partes enfrentadas reconocen el rostro de un buen amigo, de otro ángel, de un humano al que le dieron la bienvenida o recibieron al momento de su muerte, que buenos tiempos, tiempos de felicidad… y ahora, a quitarle la vida, para siempre si ese amigo no sabe defenderse bien, pero a tan solo 10 metros algo sucede…. Ambas fuerzas empiezan a reducir el paso, a 5 metros, bajan sus espadas, 3 metros… caminan, 1 metro… se detienen, cara a cara….….se miran a los ojos….

se abrazan!!!!!

El amor de hermanos pudo mas, mucho mas. Todos lloran y se piden perdón.

Pero Satanás que desde su escondite ve los acontecimientos se enfurece mucho mas y los maldice, su posición de ventaja se había esfumado, pero ya no había marcha atrás, era ahora o nunca!!!

Satanás sube a la cima de un cerro seguido de sus tropas infernales....Su capa color púrpura movida por el viento lo hace ver como un super héroe, su piel..caliente y arrugada, sus ojos rojos como el fuego, su mano izquierda desvaina su espada...

Demonios!!! Hoy es nuestro día, hoy se nos ha presentado la posibilidad de liberarnos del jugo de Jéhova, hoy tenemos la oportunidad de dominar no solo en el infierno pero a los hombres y el cielo...hoy romperemos la cabeza de Jesus y beberemos de su sangre....

Ataqueeeennnn !!!!!!!!!

Una gran turba, miles, cientos de miles, millones de demonios salen al ataque, Satanás se jugaba su ultima carta al enfrentar a dos ejércitos, pero que más da, era triunfar o morir, Muerte... jajaja, su especialidad.

Cuando los ejércitos celestiales, ahora unidos en el abrazo notan que una gran fuerza, una fuerza que llevaba el odio mas profundo, sulfuro emanaba por las bocas de aquellos demonios, que hacían gárgaras con el acido que regurgitaban listos a vomitarlo en las caras de sus enemigos, soldados fieles a Satanás, fieles desde el primer día, demonios que preferían la muerte eterna a doblegarse al poder de Dios y su hijo.

Los Arcángeles Ariel, Miguel, Gabriel, Barachiel, Jehudiel, Rafael y Saeltiel abrazados, como hermanos, se miran a los ojos y sonríen, palabras no hacían falta. Diego se les une...

El Arcángel Gabriel a viva voz y frente a las tropas...

Hermanos......Por Jehová Dios, por Jesús y su Gloria, por el final de la maldad y el odio....Ataqueeeennnnnn

Como los 300 de Leónidas, esos bravos soldados espartanos que aun sabiendo que la posibilidad de sobrevivir era casi nula, sin miedo y a todo pulmón se lanzaron contra los Persas... la batalla no perderían.....solo morirían! La causa era justa! Así se lanzaron los ejércitos celestiales contra la maldad y el odio.

Los dos grandes ejércitos se abalanzan uno contra otro, se entablan en una cruenta batalla, sangre, miembros amputados, gritos, todo lo malo que una guerra puede atraer era presente en esta dantesca escena.

Los Arcángeles luchaban hombro a hombro con sus ángeles para impedir el avance de los demonios, Amat y sus demonios poco a poco, mientras luchaban a favor de Dios, sus apariencias demoníacas desaparecían y retomaban su forma original de hermosos ángeles, sus alas empiezan a cambiar de color. Diego al frente de los humanos toma el flanco derecho de los demonios he infligen duras bajas que merman el ataque frontal de Satanás.

Diego, con sus habilidades con la espada aprendidas en su vida terrenal lo ayudan fácilmente a sucumbir a los demonios a los cuales se enfrenta, las cabezas de los demonios caen como hojas de otoño, pero no sin recibir heridas también, su brazo derecho es herido por las garras de su último oponente.

A lo lejos logra ver lo que todo humano evita y espera nunca poder ver... al mismo Satanás en persona, nada mas y nada menos que con un nuevo asistente que lo ayuda en la batalla, un ser tan diabólico como el mismo... el viejo Don Pedro, ahora hecho un hombre joven, fuerte y robusto, dotado de gran poder que sin miramientos mata tanto ángeles como humanos.

Los instintos de Diego fueron el ir y enfrentar a Don Pedro y el mismo Satanás en persona, pero algo lo paralizó completamente, aquello que el pensaba era un perro que Satanás mantenía con una correa, no era mas ni menos que la figura de su padre Don Agustín, solo su cabeza permanecía humana, Satanás lo había convertido mitad hombre y mitad perro, sin duda alguna, el castigo de Don Agustín era severo. Los demonios de la muerte y la avaricia tiraban de su cuerda y orinaban sobre su cara, una escena verdaderamente horrible.

Satanás sabia que aquello paralizaría a Diego...y reía con fuerza.

El Arcángel Miguel nota lo que sucede y trata de sacar a Diego del trance en que ha caído con esa escena ...'Diego!! Diego!!!, Diego!!'

El Arcángel Miguel lo agarra por su armadura y lo sacude 'Diego, vamos, vamos, no te dejes intimidar, solo son trucos'. Sin duda Satanás era un maestro de la decepción.

Claro, en ese momento Diego solo veía los horrores a lo cual era sometido el espíritu de su padre pero quizás el tiempo, el momento o las circunstancias no le hicieron analizar porqué su padre era atormentado por Satanás, en realidad como iba a saber, su padre había sido tan meticuloso en todo lo que hacía que Diego ni nadie mas llegaron a darse cuenta, a conocer en realidad el alma negra de este hombre que llegó a mandar a asesinar la mujer de su hijo solo por ahorrar dinero, otras muertes mas para sacar rivales del medio, intrigas, estafas, avaricia, infidelidades, maltratos y muchos pecados mas que puestos en una balanza pesaron tanto que arrastraron su alma hasta el mismo sótano del infierno pero allí no se encontraba solo pues Luis y José eran huéspedes de honor y las torturas, agonías y pesadillas estaban reservadas especialmente para ellos. Satanás esa atento con sus huéspedes

Solo almas tan negras como la de Don Pedro se libraban de esos tormentos, Satanás no era estúpido, el sabía que tenía una joya en sus manos alguien que con un poco mas de entrenamiento podría ser uno de sus mejores generales un arcángel diabólico, su #2.

Bien dice el dicho "Mas sabe el Diablo por viejo, que por diablo"

Diego (Con lagrimas en los ojos) 'Mira!, mira....mi..r..a lo que le hace ese hijo de puta a mi padre, mira... Satanás maldito (grita a todo pulmón)
Diego, le dice el Arcángel Miguel 'En cualquier otro momento os hubiera hecho desistir de esos impulsos de odio pero dada la situación os digo...si queréis vengaros de ese desgraciado, este es el momento. Vamos!

Miguel necesita a Diego, necesita de su concentración, de ese odio hacia Satanás para lograr la victoria, todo estaba en juego. Diego, el último de los espíritus, el que tenía sin saberlo las llaves que abren las puertas del futuro no solo del hombre, de las futuras almas, pero de los ángeles también, de su inmortalidad. A partir de hoy, se determinaría si se volvían a restablecer el banco de almas, si los que mueran quedarían en el limbo eterno, si las almas que hoy luchaban hechos mortales regresarían a la diestra del Señor.... La desilusión de Dios era grande.

A toda fuerza, el Arcángel Miguel y Diego seguidos de un grupo de ángeles y humanos se abalanzan hacia Satanás y sus tropas, muchos caen abatidos, sus demonios...poderosos, sus fuerzas.. incrementadas, su meta..muy clara, sus espadas muy afiladas, las defensas de Satanás eran fuertes, su hacha era grande y con cada zarpazo mataba dos y tres....pero a pura determinación logran penetrar!

El Arcángel Miguel, después de millones de años, después de tanto tiempo se logra encontrar cara a cara con uno de sus hermanos y por siempre enemigo...Satanás.
Ambos se enfrascan en una pelea cuerpo a cuerpo, espada con espada. En un momento ambos logran agarrar la mano del otro y sus caras solo están a pocos centímetros una de la otra...

'Hola hermanito, jajajaja' le dice Satanás.

'Dios te perdonó la vida aquella vez, pero no vas a tener una segunda oportunidad, tu principado terminan hoy, ya bastante mal has hecho'.

Se separan y siguen luchando...Miguel siente que cada hachazo que bloquea lo impulsa hacia atrás, los brazos de "su hermano" ya no eran blancos y delicados como los de antes....'Y quien me lo va a terminar?? Tu?? Jajajaja. Hermanito, ya no soy el débil arcángel que conociste, ya estoy mas mayorsito y tengo mucho poder, la maldad de tus amados humanos me ha fortalecido, me ha hecho poderoso (mientras miden distancia listos a enfrentarse)

Uno al otro se miden, caminan como en círculo para cada uno ver si encuentra una debilidad a su contrincante 'Lucifer, Nuestro Dios nos ha quitado todo el poder, solo somos dos mortales y uno de los dos, hoy morirá' (Rápidamente Miguel se le abalanza y de un golpe le quita de las manos el hacha que sale volando por los aires y cae enclaustrada en el lodo)

Sin perder tiempo los dos se enfrascan en una dura pelea, patadas, puñetazos y empujones, Satanás cae a suelo, trata de ponerse en pie y con una rodilla aun en el lodo sangriento, saca su espada....aún queda Satanás para rato... ambos hábiles con la espada se enfrascan de nuevo,. Sin duda alguna, era una batalla a muerte.

Diego logra llegar donde los demonios de la Muerte y la Avaricia y sin medir palabra de un solo espadazo corta la cabeza del Demonio de la Avaricia, Don Agustín, lo ve e inmediatamente lo reconoce...

'Diego....mi hijo, Diego (llora) Oh mi Dios, Diego que haces aquí? Que es lo que pasa?'. 'No te preocupes papa', se que hiciste muchas cosas malas y por eso has recibido este castigo, yo intercederé por ti ante Dios. Vete, vete de aquí' (como perro callejero sale corriendo con el rabo entre las piernas)

El Demonio de la Muerte, con su larga lanza ataca a Diego, se enfrascan, luchan... y de pronto...el demonio de la Muerte....mira a su pecho y ve la punta de una lanza que lo ha atravesada de lado a lado, la sangre con olor a azufre sale por borbotones, no puede creer lo que está pasando...él es el que siempre ha quitado la vida, pero la muerte en carne propia nunca la había conocido, como puede ser esto, se preguntaba en esos segundos que parecían eternos, era como que el tiempo se había detenido....mira hacia atrás a ver quien se ha atrevido a matar a un semi-dios... cae al suelo...muerto, si...el demonio de la muerte a muerto. Aun Diego no sabe lo que ha pasado, lo ve caer, pero cuando levanta los ojos ve al asesino cobarde, peor de los demonios....Don Pedro.

Diego apenas lo reconoce, se había transformado, solo su voz delataba su identidad 'Mi querido Dieguito (dice sarcásticamente) he esperado mucho tiempo para esto, el gusto de matarte de una vez por todas y ver tu cabeza correr jajajaja, ese gusto no se lo dejo a nadie, nadie me quita ese placer, mucho menos ese estúpido demonio de la muerte, que me trajo aquí antes de tiempo, antes de poderte matar jajaja'.

Mientras todo esto ocurre, el Arcángel Miguel sigue luchando con Satanás, sin duda Satanás tiene mucho poder y fuerzas, por momentos parecía doblegar al Arcángel Miguel. A poca distancia el Arcángel Rafael logra a ver a Miguel, sabe que solo no va a poder, corre hacia él abriéndose paso entre los enfrascados a muerte y se une junto a Miguel contra Satanás, ambos luchan contra él, pero en un descuido...la espada de Satanás, forjada en fuego puro moldeada por las almas mas detestables y afilada con su lengua mezquina, atraviesa el pecho de Rafael el cual cae de rodillas. Otros demonios atacan a Miguel para mantenerlo ocupado mientras Satanás disfruta el momento.

'Oh Rafelito, (sonido de lástima) mi pequeño hermanito (mientras sonríe)... creo que tu Dios te va a extrañar, jajajaja'.

Rafael, aun de rodillas, levanta la mirada... lo ve a los ojos con la poca vida que le quedaba y sin pena alguna, Satanás desprende la espada del pecho del Arcángel Rafael el cual cae de bruces...muerto.
  Don Pedro que luchaba contra Diego se mantenía atento a la lucha de Satanás con el Arcángel Rafael, nota cuando los Arcángeles Gabriel y Ariel se enfrascan espada a espada con Satanás al ver a Rafael caer.
Don Pedro da un fuerte golpe a Diego que le provoca una herida en en un brazo, Diego cae al suelo, pensaba que era su fin, pero Diego no era en realidad el objetivo principal de Don Pedro, Diego seguía siendo solo un estorbo para sus grandes planes. Sin perder tiempo, Don Pedro hace una señal y uno de sus fieles seguidores aprovechando la caída de Diego y la distracción de Satanás, clava una lanza en la espalda del gran príncipe.

Satanás arranca la lanza de su espalda y de un solo espadazo decapita al insolente, pero mal herido estaba...al igual que muchos...al ver su sangre y sentir dolor en carne propia por primera vez quedan embelesados por la nueva experiencia, momento que aprovecha Don Pedro el cual, como si fuese en una película en cámara lenta corre hacia Satanás y antes que este pudiese reaccionar su cabeza es cortada por la mitad!

Sin porras ni celebraciones, el Gran Príncipe de las Tinieblas ha caído... como un simple humano... muerto!

Por fin la silla se había desocupado, el viejo león ha sido abatido, era tiempo para sangre nueva, una nueva administración con planes expansionistas al mas alto nivel.

El acontecimiento fue tan sorpresivo que prácticamente la batalla se paralizo'. Diego apenas poniendose de pie mira a Don Pedro con asombro y pregunta...
'Don Pedro, usted....ha matado a.....'
'No te sorprendas Diego, si...también en el infierno hay lucha de poder y ya Satanás tenia mucho tiempo gobernando, ahora es mi tiempo, el tiempo para un nuevo Príncipe ha llegado, aunque hmmmm.... Príncipe no me gusta... llámame: "Rey Pedro I el Malo" jajajaja'

Pero faltaba algo para consolidarse en el poder, quedaba algo por resolver.....pero esto era personal....Don Pedro se lanza contra Diego sin duda alguna con la intención de matarle, se enfrascan de nuevo, pero solo ellos dos pelean, todos solo observaban pues por una parte no salían del asombro de ver cae a Satanás como un simple mortal y otra al ver que todo dependía de quien saliera con vida entre Diego y Don Pedro.

El Arcángel Jehudiel limpia su espada con su capa 'Yo termino esto...' (Ariel lo detiene) 'Déjalos, que sea lo que sea, creo que esto es algo personal'. *Que ironía, a pesar de todo...el futuro de todos dependía de dos humanos.*

Pocos quedaban de pie, la masacre había sido intensa y feroz, la batalla estaba a punto de llegar al final.
'Don Pedro, lamento decirle algo' (mientras seguían intercambiando espadazos). 'Si? Y que me quieres decir? Mocoso sin experiencia jajaja'
' Lamento decirle que no voy a poder asistir a su coronación pues su reinado ....será muy corto'
A pocos metros uno de otro se miran detenidamente...palabras sobran....Diego gira su cabeza levemente y recordando su entrenamiento en Aikito, toma una típica postura samuraí, espada arriba, piernas levemente separadas una delante de la otra, su pie izquierdo lo mueve buscando estabilidad.... Se oye un gran grito de guerra....

Casi con un movimiento invisible por su rapidez y perfecta ejecución, Diego de un solo movimiento de 45 grados le ha cortado el cráneo a Don Pedro dejando al relieve los sesos los cuales empieza a salir deslizándose y cayendo al suelo como gelatina...Los buitres no pierden tiempo.

Don Pedro deja caer su espada, cae de rodillas y se agarra la cabeza, siente los sesos en sus manos...agarra un pedazo y los ve en terror... Don Pedro doblegado ante el dolor y moviendo la cabeza en negación de su propio destino, le dice... 'Maldito, mocoso...porque no te vas al diablo'.

'Lo siento Don Pedro, no puedo, usted lo mató' (Y con un solo movimiento, suave, magisterial y elegante como el mejor de los Maestros Samurai, Diego decapita a Don Pedro...Para siempre!!!
Todos gritan y celebran el gran triunfo, los demonios que quedaban en pie son capturados y decapitados pues todo mal tenía que ser eliminado en este día, súplicas no tuvieron efecto. Diego, junto con los Arcángeles levanta su espada ante los ejércitos celestiales en señal de triunfo y alegría. Todos los seres gritan de felicidad.

La Batalla entre el bien y el mal, la batalla por la salvación eterna había terminado! Una gran luz, una luz tan intensa que hacía casi cerrar los ojos de los pocos que quedaron en pie se acercaba, no era nada mas ni nada menos que el mismo Jesús, El Cristo en persona.

Se dirige a todos..
"Deponed vuestras armas, la batalla ha terminado, el mal ha sido extirpado para siempre, aprended de esta lección soldados de Dios, mis ángeles amados pues habéis causado grandes tribulaciones, caro habéis pagado por vuestras debilidades"

El Demonio Amat, el cual ha sobrevivido a la batalla, se arrodilla y toma a Rafael en sus brazos, llora por su muerte... 'Mi Señor Jesus....tomad mi vida, os pido que deis vida a Rafael y toméis la mía, yo no la merezco' (mientras abrazaba el cuerpo ensangrentado de Rafael).
'Amat...(acercándose a él) la sangre de Rafael ha lavado vuestros pecados (Amat se torna en el ángel que fue una vez) levantaos y vuelve a la diestra de mi padre, recordad a Rafael pues su sacrificio será la cruz que por siempre tendréis que cargar, restaurados estáis' (les devuelve la inmortalidad y su forma espiritual).
'Diego' (lo llama Jesus)
Diego se acerca y se postra frente a El.. 'Señor...que sea tu voluntad'
'Habéis hecho bien Diego, habéis hecho un gran servicio a Dios y la humanidad, premio habéis ganado, que os ofrece?'.
Cierra los ojos, baja la cabeza en señal de sometimiento a la voluntad divina)
Mi Señor, para mi nada, solo estar a a tu lado, físico además ya no soy, solo os pido devolver la felicidad a mi hermano, devolverle a Kiko señor y bendice mi familia'
'Diego, premiado has sido, vuelve a tu mundo, felicidad encontraréis, la

maldad ya nunca mas veréis, la gracia de nuestro Padre es con vosotros, ve… vida eterna os ha dado…pero como último de los espíritus llevarás la carga de recordar todo lo que ha pasado, recordaréis las muertes que causaron la desobediencia y el pecado, ve y enseña al hombre a levantar los pies a las piedras del camino'.

Los tiempos llegaron a su fin, los tiempos del dominio del hombre, del mal habían terminado, la vida eterna era para todos los humanos, la muerte había sido erradicada por siempre.

Aves volando..viento que mueve las hojas......niños correteando....sonidos de las ollas en la cocina...
(escucha Diego aun con los ojos cerrados)

Diego abriendo lo ojos 'Lai? Lai?? Mi amor? Pero que....?'

Diego, Diego? Estas bien? Le responde Lai 'Diego, estas bien? Pensé que estabas durmiendo y luego te oigo dando gracias al señor, estabas como hablando durmiendo'

(Diego se da cuenta que estaba en su casa, se levanta de su silla y abraza fuertemente a Lai) 'Mi amor te amo, todo esta bien'.

Lai aun confundida, lo abraza también, pero nota algo) 'Diego, mi amor, que te paso? Tienes un gran rasguño en tu brazo, no lo había notado. Déjame buscar un desinfectante'

Mientras Lai va en busca del desinfectante, Diego se sienta de nuevo, pensativo, pero con una sonrisa, pues sabía que no había sido un sueño, su rasguño era prueba de su gran batalla, su regreso a Lai y un hijo que esperaban, a la normalidad... no, no a la normalidad.....al amor! si... ese era el único sentimiento dentro de si, sabia que el mal había sido eliminado para siempre y que Dios había cumplido con su promesa, nadie en la tierra percibía lo que había pasado, Dios había borrado el mal de todas las mentes, solo Diego sabía lo cerca que estuvieron de perderlo todo. En el teatro de la vida de Diego se ve a Jesús, tranquilo, con vestimentas modernas, chaqueta deportiva y pantalones, toma asiento, cruza las piernas, la película la habían modificado, mira de un lado para el otro....

No ve a nadie, solo varios obreros que quitaban todos las cortinas, adornos, alfombras y finalmente todos los asientos....todos menos uno... el que él ocuparía para siempre "El Ultimo Asiento."

El Ultimo Asiento

Made in the USA
Columbia, SC
29 September 2021